Leonardo 2
Mathematik

Herausgegeben von
Doris Mosel-Göbel und Martin Stein

Erarbeitet von
Caroline Armbruster, Claudia Brall,
Heidrun Grottke, Barbara Hägele-Gulde,
Gabriele Hinze, Brigitte Hölzel,
Ursula Keunecke, Anette König-Wienand,
Klaus Rödler und Gisela Schobbe

Verlag Moritz Diesterweg
Frankfurt am Main

In der Klasse 2

1 Rechne. Wie geht es weiter?

a) 10 + 9 = ___
10 + 7 = ___
10 + 5 = ___
___ + ___ = ___

b) 0 + ___ = 10
1 + ___ = 10
2 + ___ = 10
___ + ___ = 10

c) ___ + 5 = 10
___ + 4 = 10
___ + 3 = 10
___ + ___ = 10

d) 4 + 2 = ___
3 + 4 = ___
2 + 6 = ___
___ + ___ = ___

e) 10 − 9 = ___
10 − 7 = ___
10 − 5 = ___
___ − ___ = ___

f) 9 − ___ = 1
9 − ___ = 3
9 − ___ = 5
___ − ___ = ___

g) ___ − 8 = 2
___ − 6 = 3
___ − 4 = 4
___ − ___ = ___

h) 10 − 2 = ___
9 − 3 = ___
8 − 4 = ___
___ − ___ = ___

2 Finde Plus- und Minusaufgaben.

a) 2 4 6
4 + 2 = 6
2 + 4 = ___
6 − 2 = ___
6 − 4 = ___

b) 9 6 3
6 + ___ = 9
___ + ___ = 9
9 − 3 = ___
9 − ___ = ___

c) 5 10 15
10 + 5 = ___
___ + ___ = ___
15 − ___ = ___
___ − ___ = ___

3 Rechne. Wie geht es weiter?

a) 4 + 4 = ___
5 + 5 = ___
6 + 6 = ___
7 + 7 = ___
___ + ___ = ___

b) 3 + 3 = ___
5 + 4 = ___
7 + 5 = ___
9 + 6 = ___
___ + ___ = ___

c) 12 − 0 = ___
12 − 2 = ___
12 − 4 = ___
12 − 6 = ___
___ − ___ = ___

d) 15 − 1 = ___
15 − 3 = ___
15 − 5 = ___
15 − 7 = ___
___ − ___ = ___

4 Rechne.

a) 1 + 3 = ___
11 + 3 = ___

b) 3 + 4 = ___
13 + 4 = ___

c) 5 + ___ = 7
15 + ___ = 17

d) ___ + 6 = 8
___ + 6 = 18

e) 10 − 4 = ___
20 − 4 = ___

f) 9 − 5 = ___
19 − 5 = ___

g) 10 − ___ = 9
20 − ___ = 19

h) ___ − 2 = 2
___ − 2 = 12

In der Klasse 2

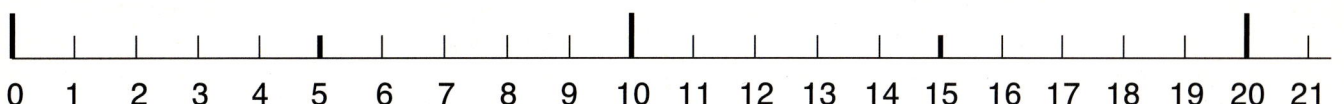

1 Hüpfe am Zahlenstrahl. Immer zwei vor.

a) Beginne bei 6: 6, ___, ___, ___, ___, ___, ___, ___

b) Beginne bei 7: 7, ___, ___, ___, ___, ___, ___, ___

2 Hüpfe am Zahlenstrahl. Immer zwei zurück.

a) Beginne bei 18: 18, ___, ___, ___, ___, ___, ___, ___, ___

b) Beginne bei 19: 19, ___, ___, ___, ___, ___, ___, ___, ___

3 Welche Hüpfkarte passt? Trage ein. Setze die Folge fort

a) 0, 3, 6, ___, ___, ___, ___, ___

b) 9, 11, 13, ___, ___, ___, ___

c) 13, 12, 11, ___, ___, ___, ___, ___, ___, ___, ___, ___

d) 17, 15, 13, ___, ___, ___, ___, ___, ___

4 Zuerst bis 10, dann weiter. Rechne.

a) 6 + 4 + 3 = ___　　b) 7 + 3 + 2 = ___　　c) 8 + 2 + 6 = ___

　6 + ___ = ___　　　　7 + ___ = ___　　　　8 + ___ = ___

d) 6 + 5 = ___　　　e) 7 + 8 = ___　　　f) 8 + 6 = ___

　6 + ___ + ___ = ___　　7 + ___ + ___ = ___　　8 + ___ + ___ = ___

5 Zuerst bis 10, dann weiter. Rechne.

a) 14 − 4 − 2 = ___　　b) 15 − 5 − 3 = ___　　c) 16 − 6 − 4 = ___

　14 − 6 = ___　　　　 15 − ___ = ___　　　　16 − ___ = ___

d) 14 − 7 = ___　　　e) 13 − 5 = ___　　　f) 12 − 3 = ___

　14 − ___ − ___ = ___　　13 − ___ − ___ = ___　　12 − ___ − ___ = ___

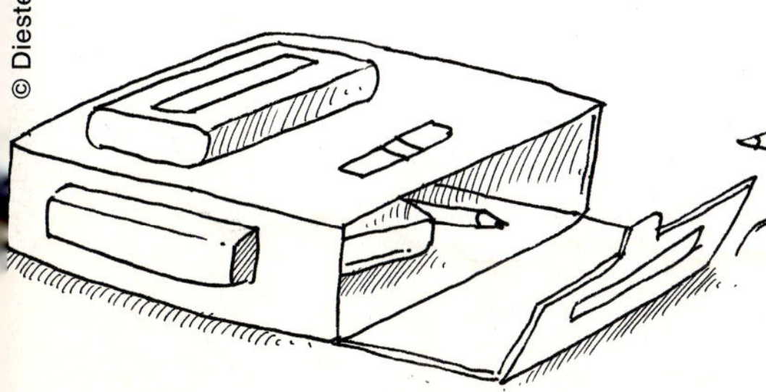

In der Klasse 2

1 Schreibe Aufgaben zu den Schachteln. Rechne.

a)  b) 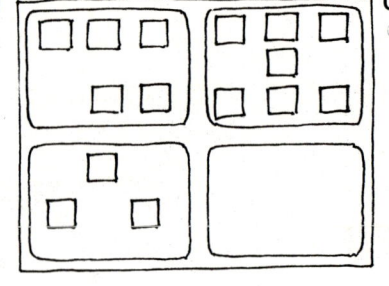 c)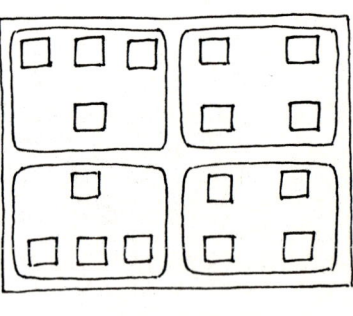

3 + 4 + 4 + 3 = ___   ___ + ___ + ___ + ___ = ___   ___ + ___ + ___ + ___ = ___

2 Kinder füllen ihre Schachteln. Wie viele Plättchen sind in ihren Schachteln?

a) Felix legt zehn Plättchen in seine Schachtel. Sina legt vier Plättchen mehr in ihre Schachtel. _____

b) Nino legt 15 Plättchen in seine Schachtel. Er hat drei Plättchen weniger als Elena. _____

3 Rechne.

a) 8 + 2 + 3 = ___   b) 2 + 8 + 8 = ___   c) 7 + 6 = ___
   7 + 3 + 4 = ___   3 + 7 + 7 = ___   8 + 7 = ___
   6 + 4 + 5 = ___   4 + 6 + 6 = ___   9 + 8 = ___

d) 13 − 3 − 4 = ___   e) 17 − 7 − 2 = ___   f) 11 − 2 = ___
   13 − 3 − 3 = ___   16 − 6 − 3 = ___   12 − 4 = ___
   13 − 3 − 2 = ___   15 − 5 − 4 = ___   13 − 6 = ___

4 Setze <, > oder = ein.

a) 9 ◯ 7   b) 9 ◯ 17   c) 6 ◯ 9   d) 11 ◯ 12
   0 ◯ 5   10 ◯ 5   7 ◯ 4   21 ◯ 2
   1 ◯ 3   11 ◯ 3   12 ◯ 12   12 ◯ 1
   6 ◯ 6   6 ◯ 16   8 ◯ 3   21 ◯ 12

4

In der Klasse 2

1 Wie viel Geld ist es? Schreibe auf.

a) b) c)

_____ Cent _____ Cent _____ Cent

2 Rechne.

a) 5 Cent + 10 Cent = _____   b) 50 Cent + 30 Cent = _____

    8 Cent + 6 Cent = _____   40 Cent + 50 Cent = _____

    9 Cent + 7 Cent = _____   20 Cent + 50 Cent = _____

c) 20 Cent − 5 Cent = _____   d) 100 Cent − 50 Cent = _____

   20 Cent − 2 Cent = _____   100 Cent − 70 Cent = _____

   20 Cent − 4 Cent = _____   100 Cent − 40 Cent = _____

3 a) Sara sagt: „Ich habe 40 Cent ausgegeben. Jetzt sind noch 60 Cent übrig."

Sara hatte _____

b) Max sagt: „Wenn ich noch 20 Cent dazu bekomme, habe ich 100 Cent."

Max hat _____

4 Immer zehn zusammen. Wie viele sind es?

a) b) c)

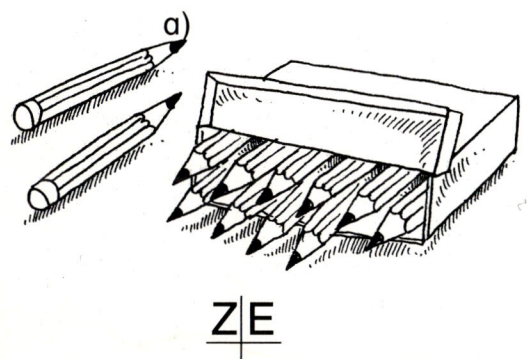  

Z|E   Z|E   Z|E

____   ____   ____

Hundert und mehr Radrennfahrer

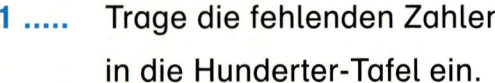

1 ..... Trage die fehlenden Zahlen in die Hunderter-Tafel ein.

2 ..... Kreise alle Zahlen rot ein, die an der Zehnerstelle die Ziffer zwei haben.

3 ..... Kreise alle Zahlen blau ein, die an der Einerstelle die Ziffer neun haben.

4 ..... Färbe die Felder mit den Zahlen 44, 45, 46, 55, 56, 64, 66, 73, 82 und 91 grün.

1		3	4		6	7			
			14		16	17	18		
21				25					30
	32		34	35	36	37	38		
41	42	43	44		46				
						57	58	59	60
61	62		64	65	66	67		69	70
	72	73	74		76	77			80
81		83		85	86		88		
91	92		94	95		97	98		100

5 ..... Du siehst Ausschnitte aus der Hunderter-Tafel. Trage die fehlenden Zahlen ein.

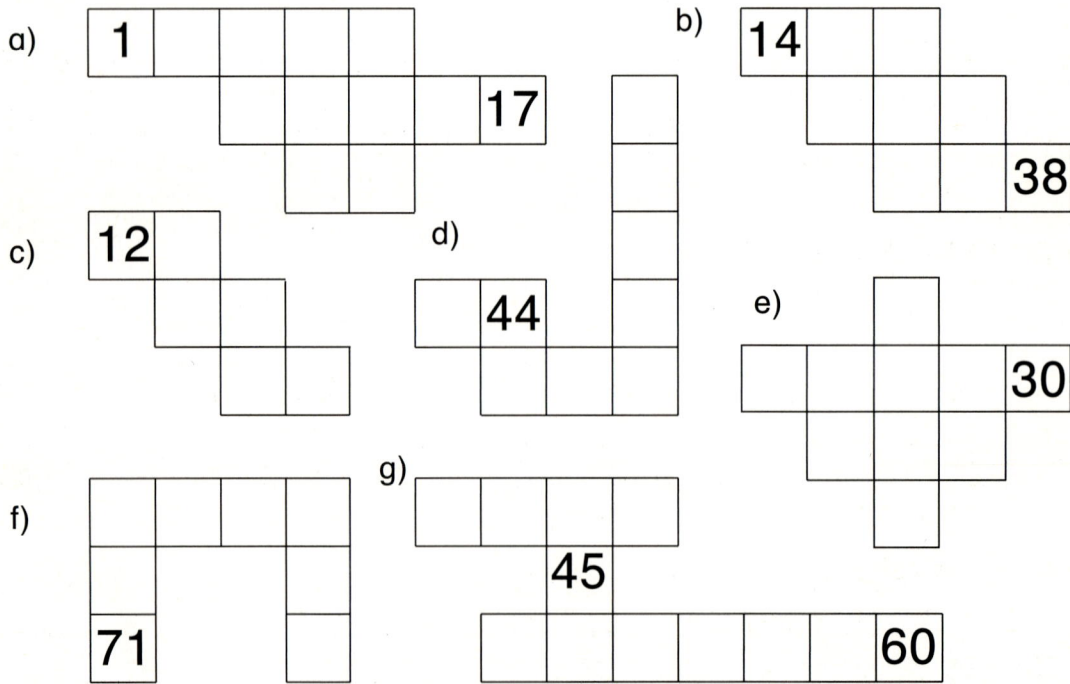

 **Hundert und mehr Radrennfahrer**

1 ..... Alle Radfahrer fahren hintereinander vom Startfeld aus los.

				48			52			

a) Trage die fehlenden Startnummern ein.

b) Die Nummer 48 fährt vor der Nummer ____

c) Die Nummer 53 fährt hinter der Nummer ____

d) Die Nummer 50 fährt zwischen den Nummern ____ und ____.

2 ..... Gib den Vorgänger und den Nachfolger an.

a) 28, 29, 30   b) ____, 45, ____   c) ____, 42, ____   d) ____, 20, ____

____, 23, ____   ____, 54, ____   ____, 89, ____   ____, 51, ____

____, 34, ____   ____, 27, ____   ____, 100, ____   ____, 90, ____

3 ..... Gib die Nachbarzehner an.

a) 10, 16, 20   b) ____, 41, ____   c) ____, 76, ____   d) ____, 81, ____

____, 25, ____   ____, 52, ____   ____, 87, ____   ____, 40, ____

____, 33, ____   ____, 67, ____   ____, 98, ____   ____, 100, ____

4 ..... Trage die Umgebungszahlen ein.

a) 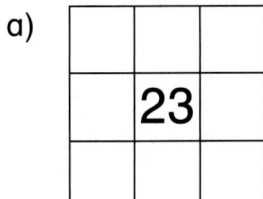   b) 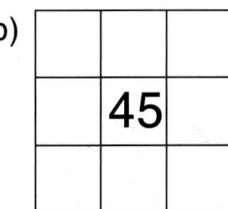   c) 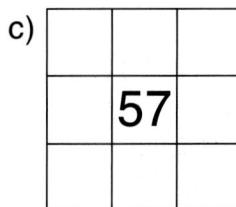   d) 64 (in 3x3 grid)

5 ..... Ordne der Größe nach.

a) 46, 51, 73, 27, 36, 62, 88:   ____, ____, ____, ____, ____, ____, ____

b) 33, 91, 42, 24, 83, 65, 58:   ____, ____, ____, ____, ____, ____, ____

c) 40, 16, 34, 28, 68, 39, 47:   ____, ____, ____, ____, ____, ____, ____

Hundert und mehr Radrennfahrer

1 Schreibe die Zahlen in die Fähnchen.

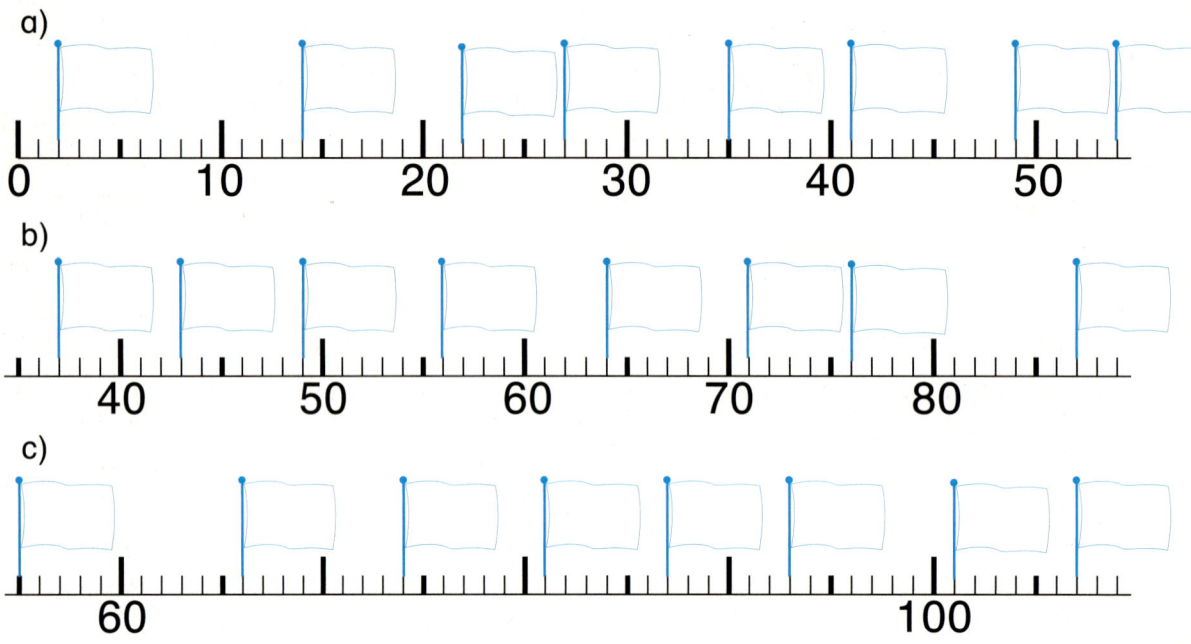

2 Welche Zahlen liegen dazwischen? Trage ein.

a) | 42 | | | | | 48 |

b) | 56 | | | | | 62 |

c) | 65 | | | | | 71 |

d) | 84 | | | | | 90 |

e) | 38 | | | | | 44 |

f) | 47 | | | | | 53 |

3 Setze <, > oder = ein.

a) 27 ◯ 72
   42 ◯ 50
   69 ◯ 66

b) 36 ◯ 36
   45 ◯ 54
   65 ◯ 56

c) 44 ◯ 45
   38 ◯ 36
   77 ◯ 72

d) 67 ◯ 76
   51 ◯ 51
   99 ◯ 98

4 Wie heißen die Zahlen? Trage ein.

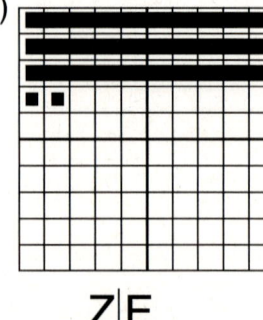
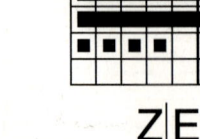

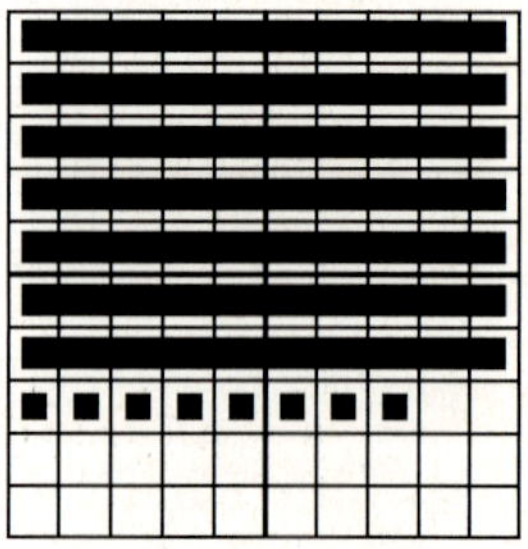

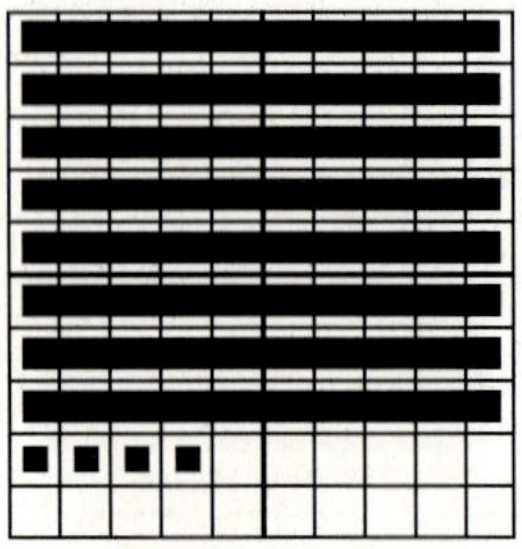

Z | E   Z | E   Z | E

8

Hundert und mehr Radrennfahrer

1 Wie heißen die Zahlen? Trage ein.

a)    b) 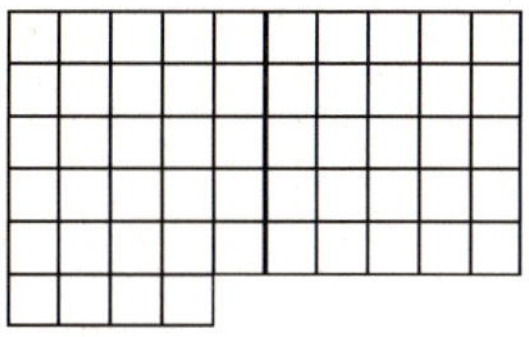 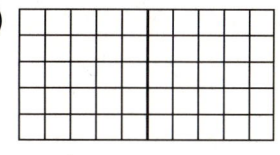   c) 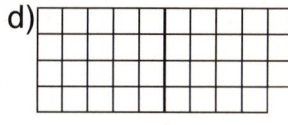   d)

Z|E   Z|E   Z|E   Z|E

2 Wie heißen die Zahlen? Trage ein.

a)    b)    c)    d)

Z|E   Z|E   Z|E   Z|E

3 Schreibe mit Ziffern.

a) dreizehn _____   b) fünfundzwanzig _____
   dreiundzwanzig _____   fünfzig _____
   dreiunddreißig _____   einundfünfzig _____

c) siebzehn _____   d) zweiundvierzig _____
   siebenundzwanzig _____   vierzehn _____
   dreiundsiebzig _____   vierundneunzig _____

4 Zu welcher Zahl kommst du? Zeichne und trage die Zielzahl ein.

a) 43 →→→↑← ☐   b) 37 →→↓↓↓ ☐   c) 74 ↑↑↑←←↑→ ☐

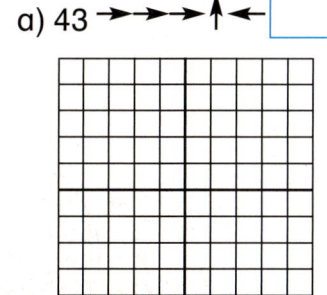   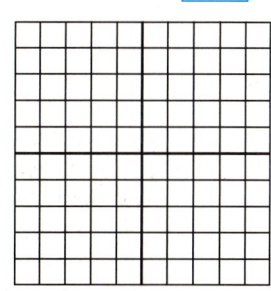   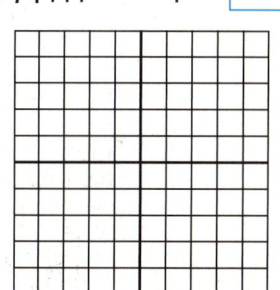

5 Trage die Zielzahl ein.

a) 64 ↑↑↑→→↓→ ☐   b) 50 ↑←←←↓↓ ☐   c) 76 →→↓→↓→ ☐

d) 30 ←←↙→→ ☐   e) 51 ↗ ↗↓↖ ↖ ☐   f) 91 →↑→↑→ ☐

9

Von zu Hause bis zur Schule

1 ..... In dem Bild verstecken sich viele Formen.

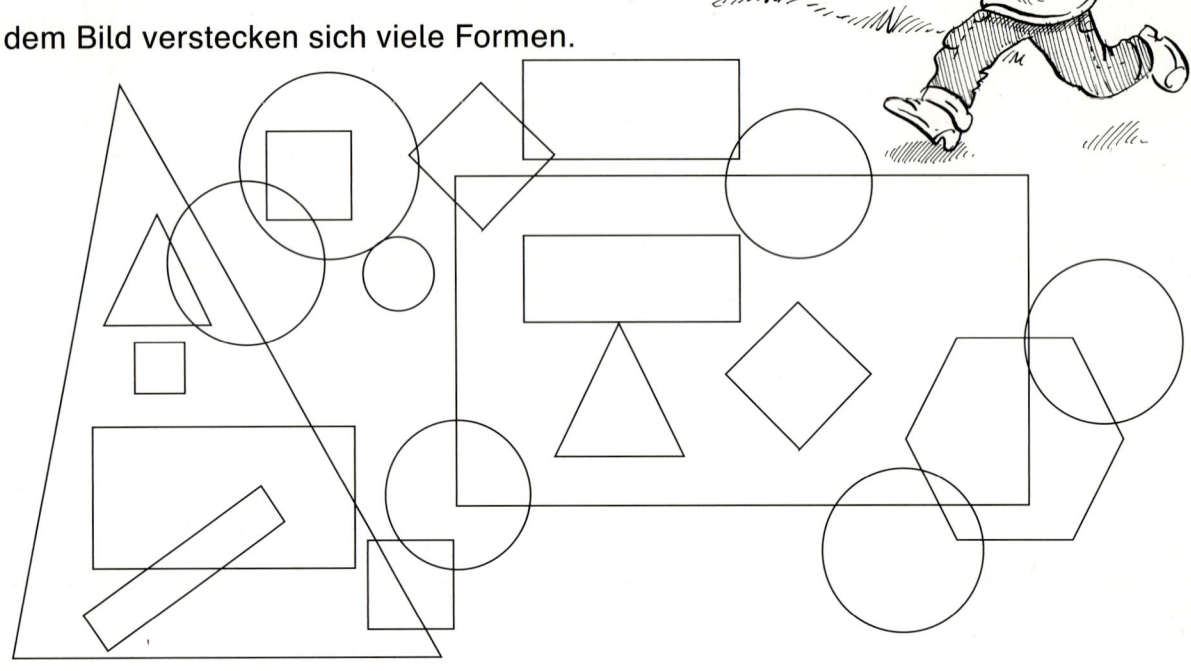

a) Umfahre die Kreise, Dreiecke, Quadrate und Rechtecke in jeweils einer Farbe.
b) Wie viele Kreise, Dreiecke, Quadrate und Rechtecke hast du gefunden? Trage ein.

Kreise	Dreiecke	Quadrate	Rechtecke	

2 ..... Zeichne Fenster und Türen. Verwende nur die angegebenen Formen.

a) fünf Quadrate   b) drei Kreise, ein Rechteck   c) sieben Dreiecke

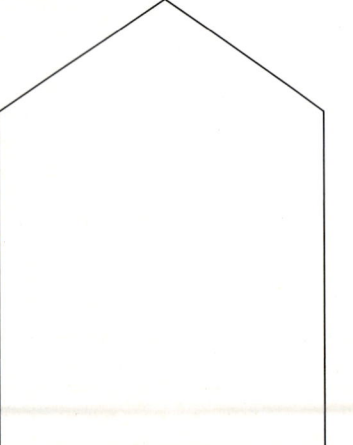  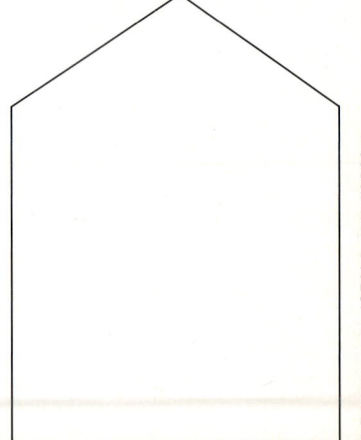

Von zu Hause bis zur Schule

1 ..... Spanne Dreiecke und zeichne sie auf das Punktefeld.
x soll immer außerhalb des Dreiecks liegen.

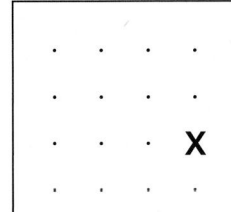 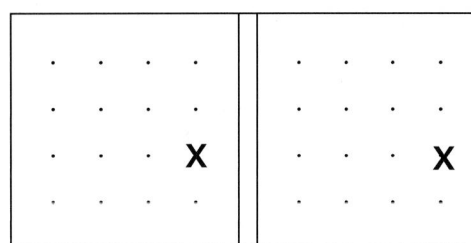 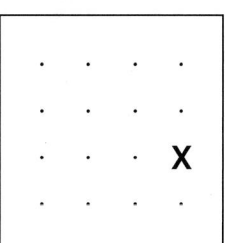 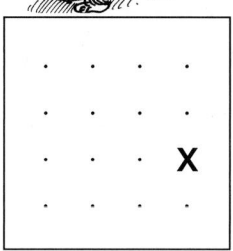

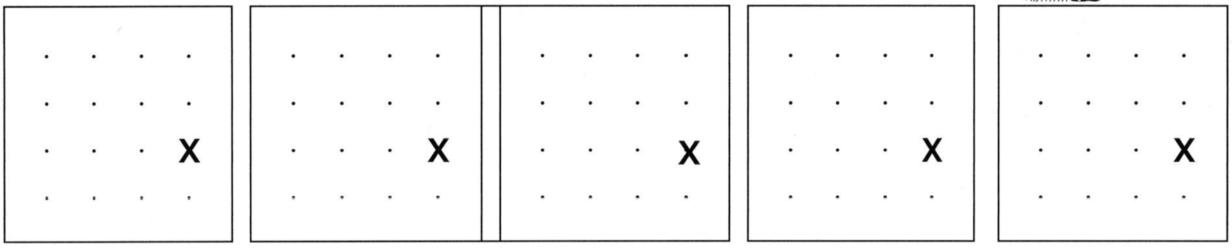

2 ..... Spanne Rechtecke und zeichne sie auf das Punktefeld.
x soll immer auf einer Seite des Rechtecks liegen.

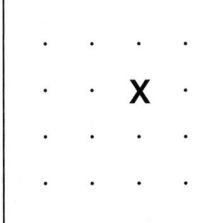 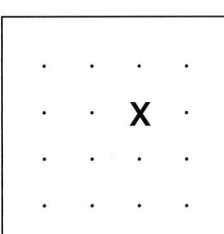 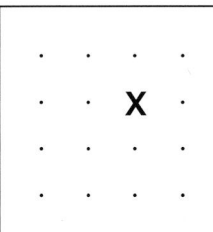 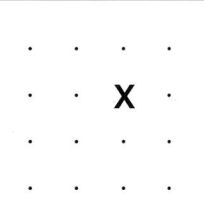 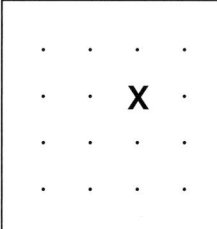

3 ..... Spanne Qudrate und zeichne sie auf das Punktefeld.
x soll immer innerhalb des Quadrates oder auf einer Seite des Quadrates liegen.

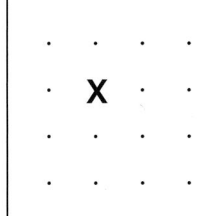 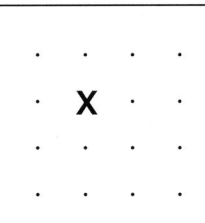 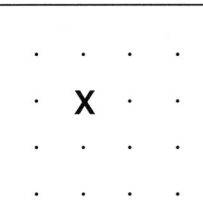 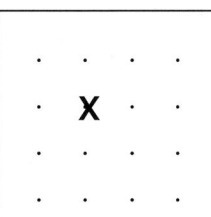 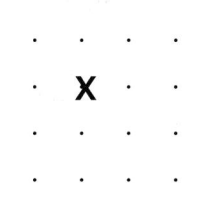

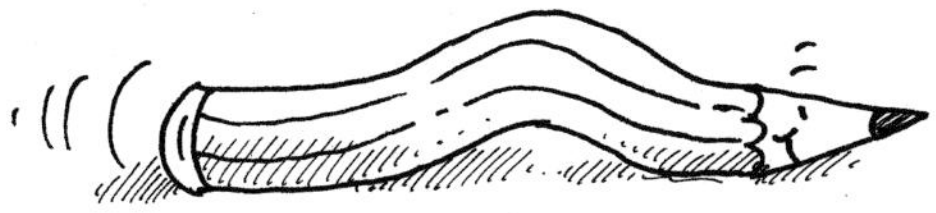

4 ..... Zeichne weiter.

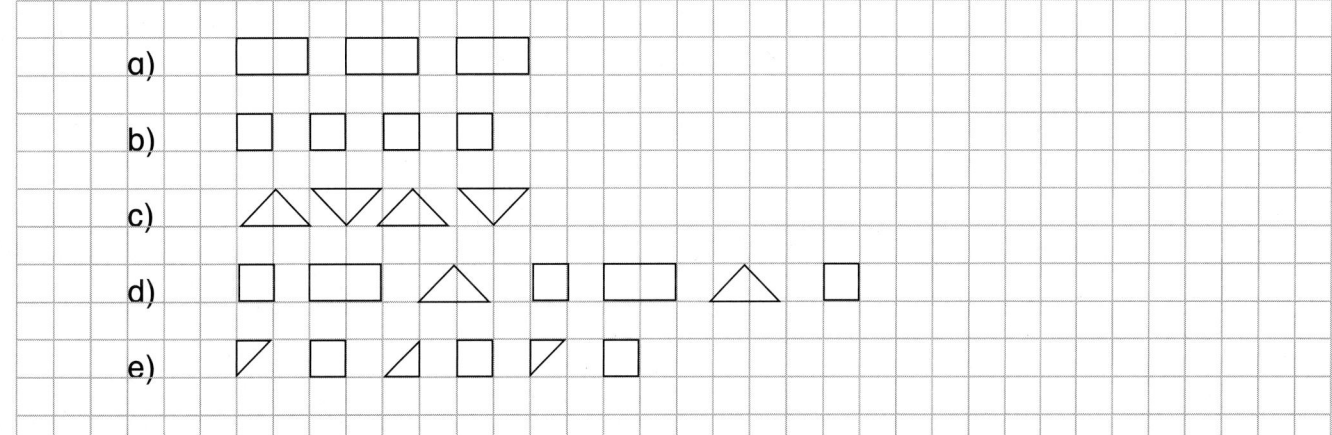

Von zu Hause bis zur Schule

1 a) Zeichne dreieckige Fähnchen an die Stellen 3, 6, 9, 12, 15 und 18.

b) Alle Fähnchen rücken zwei Stellen nach links. Wo stehen sie jetzt?

Schreibe auf. 1, ___, ___, ___, ___, ___

2 a) Zeichne quadratische Fähnchen an die Stellen 4, 8, 12, 16 und 20.

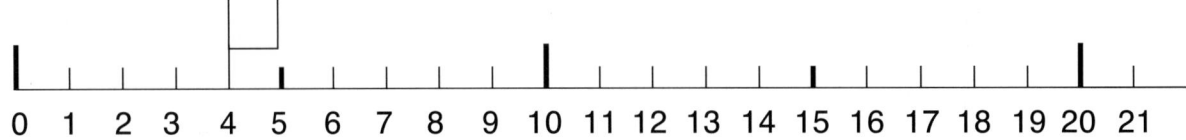

b) Alle Fähnchen rücken drei Stellen nach rechts. Wo stehen sie jetzt?

Schreibe auf. ___, ___, ___, ___, ___

3 a) Zeichne kreisförmige Fähnchen an die Stellen 2, 4, 6, 8, 10, 12, 14, 16, 18 und 20.

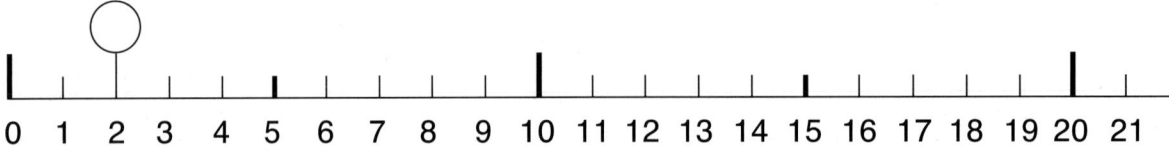

b) Alle Fähnchen rücken eine Stelle nach links. Wo stehen sie jetzt?

Schreibe auf. ___, ___, ___, ___, ___, ___, ___, ___, ___, ___

4 a) Zeichne rechteckige Fähnchen an die Stellen 5, 10, 15 und 20.

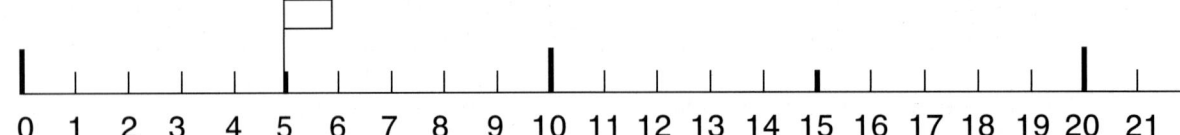

b) Gehe in gleich großen Schritten weiter. Wo stehen die nächsten Fähnchen?

Schreibe auf. 25, ___, ___, ___, ___, ___

Von zu Hause bis zur Schule

1 Trage die fehlenden Zehnerzahlen ein.

0 __ __ __ __ __ __ __ __ __ 100

2 Rechne.

a)
+	30	20	50	40
0	30			
20				
40				

b)
−	70	60	50	40
100	30			
90				
80				

c)
+	0	20	40	30
30				
50				
60				

3 Rechne.

a)
−	17	16	15	14
20				
19				
18				

b)
+	7	6	5	4
10				
9				
8				

c)
−	7	6	5	4
10				
9				
8				

d)
+	10	11	12	13
7				
6				
5				

e)
−	0	1	5	10
20				
15				
10				

f)
+	8	7	0	3
10				
11				
12				

4 Zeichne die Verkehrsschilder fertig. Beschreibe die Form.

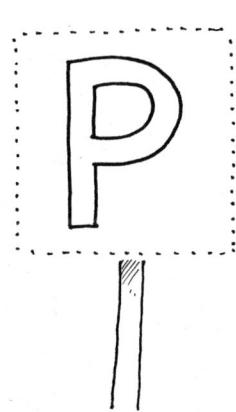
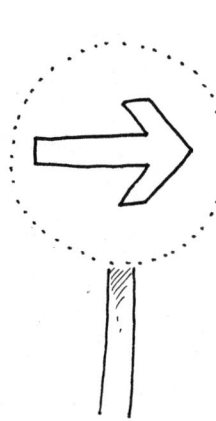

100 Cent für ein Traumfrühstück

  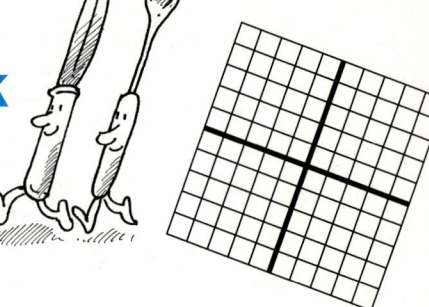

1 Hin und her: Zeige an der Hunderter-Tafel und rechne.

a) 14 + 2 = ___ b) 41 + 5 = ___ c) 63 + 7 = ___ d) 72 + 8 = ___
14 + 4 = ___ 41 + 7 = ___ 43 + 7 = ___ 52 + 8 = ___
14 + 6 = ___ 41 + 9 = ___ 73 + 7 = ___ 32 + 8 = ___

e) 18 − 5 = ___ f) 67 − 4 = ___ g) 95 − 2 = ___ h) 50 − 4 = ___
18 − 6 = ___ 67 − 2 = ___ 65 − 2 = ___ 30 − 4 = ___
18 − 0 = ___ 67 − 5 = ___ 35 − 2 = ___ 80 − 4 = ___

2 Rauf und runter: Zeige an der Hunderter-Tafel und rechne.

a) 14 + 20 = ___ b) 41 + 50 = ___ c) 63 + 30 = ___ d) 42 + 30 = ___
14 + 40 = ___ 41 + 30 = ___ 43 + 50 = ___ 52 + 20 = ___
14 + 60 = ___ 41 + 10 = ___ 73 + 20 = ___ 32 + 40 = ___

e) 88 − 50 = ___ f) 67 − 40 = ___ g) 95 − 70 = ___ h) 53 − 40 = ___
88 − 60 = ___ 67 − 20 = ___ 65 − 40 = ___ 63 − 40 = ___
88 − 20 = ___ 67 − 50 = ___ 35 − 10 = ___ 73 − 40 = ___

3 Vorwärts und rückwärts: Zeige an der Hunderter-Tafel und rechne.

a) 25 + 30 = ___ b) 43 + 30 = ___ c) 52 + 40 = ___ d) 18 + 80 = ___
55 − 30 = ___ 73 − 30 = ___ ___ − 40 = ___ ___ − 80 = ___

e) 33 + 5 = ___ f) 64 + 6 = ___ g) 83 + 0 = ___ h) 56 + 3 = ___
___ − 5 = ___ ___ − ___ = ___ ___ − ___ = ___ ___ − ___ = ___

100 Cent für ein Traumfrühstück

1. Lege mit Münzen und rechne.

   a) 54 Cent + 7 Cent = _____
      74 Cent + 7 Cent = _____
      57 Cent + 4 Cent = _____
      77 Cent + 4 Cent = _____

   b) 29 Cent + 6 Cent = _____
      69 Cent + 6 Cent = _____
      66 Cent + 9 Cent = _____
      26 Cent + 9 Cent = _____

   c) 87 Cent – 5 Cent = _____
      87 Cent – 6 Cent = _____
      87 Cent – 7 Cent = _____
      87 Cent – 8 Cent = _____

   d) 65 Cent – 3 Cent = _____
      65 Cent – 5 Cent = _____
      65 Cent – 7 Cent = _____
      65 Cent – 9 Cent = _____

2. Nino hat 60 Cent. Er kauft sich einen Lutscher für 5 Cent.

   _____

   _____

3. Lege mit Münzen und rechne.

   a) 53 Cent + 40 Cent = _____
      93 Cent – 40 Cent = _____

   b) 76 Cent + 20 Cent = _____
      96 Cent – 20 Cent = _____

   c) 36 Cent + 20 Cent = _____
      _____ – 20 Cent = _____

   d) 68 Cent + 5 Cent = _____
      _____ – 5 Cent = _____

   e) 49 Cent + 3 Cent = _____
      _____ – _____ = _____

   f) 18 Cent + 7 Cent = _____
      _____ – _____ = _____

4. Max kauft einen Apfel für 24 Cent und einen Saft für 20 Cent.

   _____

   _____

100 Cent für ein Traumfrühstück

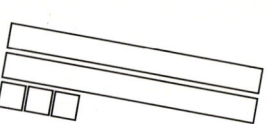

1 Lege mit Streifen und Plättchen. Rechne.

a) 20 + 7 = ___ b) 83 + 5 = ___ c) 65 + 30 = ___ d) 40 + 31 = ___
27 + 3 = ___   83 + 7 = ___   25 + 50 = ___   30 + 42 = ___
45 + 4 = ___   83 + 9 = ___   45 + 30 = ___   50 + 23 = ___

e) 50 − 5 = ___ f) 74 − 40 = ___ g) 56 − 4 = ___ h) 63 − 2 = ___
40 − 4 = ___   63 − 30 = ___   56 − 6 = ___   63 − 4 = ___
30 − 3 = ___   52 − 20 = ___   56 − 8 = ___   63 − 6 = ___

2 Felix hat vier Streifen und zwei Plättchen. Sina hat zwei Streifen und vier Plättchen.

a) Wer hat die größere Zahl gelegt? Schreibe sie auf. _____

_____

b) Kreuze an, welche Zahlen Sina und Felix gemeinsam legen können.

☐ 25   ☐ 52   ☐ 70   ☐ 63   ☐ 18   ☐ 41   ☐ 37   ☐ 66

3 Lege mit Streifen und Plättchen. Rechne.

a) 87 + 3 = 90   b) 64 + 8 = ___   c) 79 + 6 = ___   d) 28 + 5 = ___
90 − 3 = ___   ___ − 8 = ___   ___ − 6 = ___   ___ − ___ = ___

87 + 5 = ___   64 + 6 = ___   79 + 7 = ___   28 + 4 = ___
92 − 5 = ___   ___ − ___ = ___   ___ − ___ = ___   ___ − ___ = ___

e) 18 + 50 = ___   f) 77 + 10 = ___   g) 39 + 40 = ___   h) 52 + 30 = ___
___ − ___ = ___   ___ − ___ = ___   ___ − ___ = ___   ___ − ___ = ___

18 + 60 = ___   77 + 20 = ___   39 + 30 = ___   52 + 10 = ___
___ − ___ = ___   ___ − ___ = ___   ___ − ___ = ___   ___ − ___ = ___

100 Cent für ein Traumfrühstück

1 Addiere.

a) 20 + 40 = ___
70 + 30 = ___
50 + 20 = ___
40 + 30 = ___

b) 30 + 50 = ___
20 + 80 = ___
40 + 40 = ___
70 + 10 = ___

c) 57 + 20 = ___
64 + 30 = ___
32 + 50 = ___
19 + 40 = ___

d) 30 + 45 = ___
40 + 17 = ___
70 + 29 = ___
50 + 38 = ___

2 Subtrahiere.

a) 60 − 40 = ___
70 − 30 = ___
50 − 20 = ___
40 − 30 = ___

b) 80 − 50 = ___
70 − 60 = ___
40 − 40 = ___
70 − 10 = ___

c) 57 − 20 = ___
64 − 30 = ___
92 − 50 = ___
79 − 40 = ___

d) 39 − 30 = ___
45 − 10 = ___
73 − 20 = ___
58 − 30 = ___

3 Rechne.

a) 50 + ___ = 80
30 + ___ = 80
10 + ___ = 80
70 + ___ = 80

b) 70 + ___ = 70
60 + ___ = 80
50 + ___ = 90
40 + ___ = 100

c) ___ + 40 = 50
___ + 40 = 60
___ + 40 = 70
___ + 40 = 80

d) ___ + 30 = 60
___ + 20 = 70
___ + 10 = 80
___ + 0 = 90

4 Amal möchte einen Schokoriegel für 50 Cent und einen Saft für 20 Cent kaufen.

Sie hat 80 Cent. _____

_____

5 Addiere immer 6.

a) 62 + 6 = _____
65 _____
68 _____
69 _____
61 _____

b) 32 _____
35 _____
31 _____
39 _____
38 _____

c) 23 _____
93 _____
63 _____
33 _____
13 _____

d) 56 _____
76 _____
86 _____
36 _____
46 _____

17

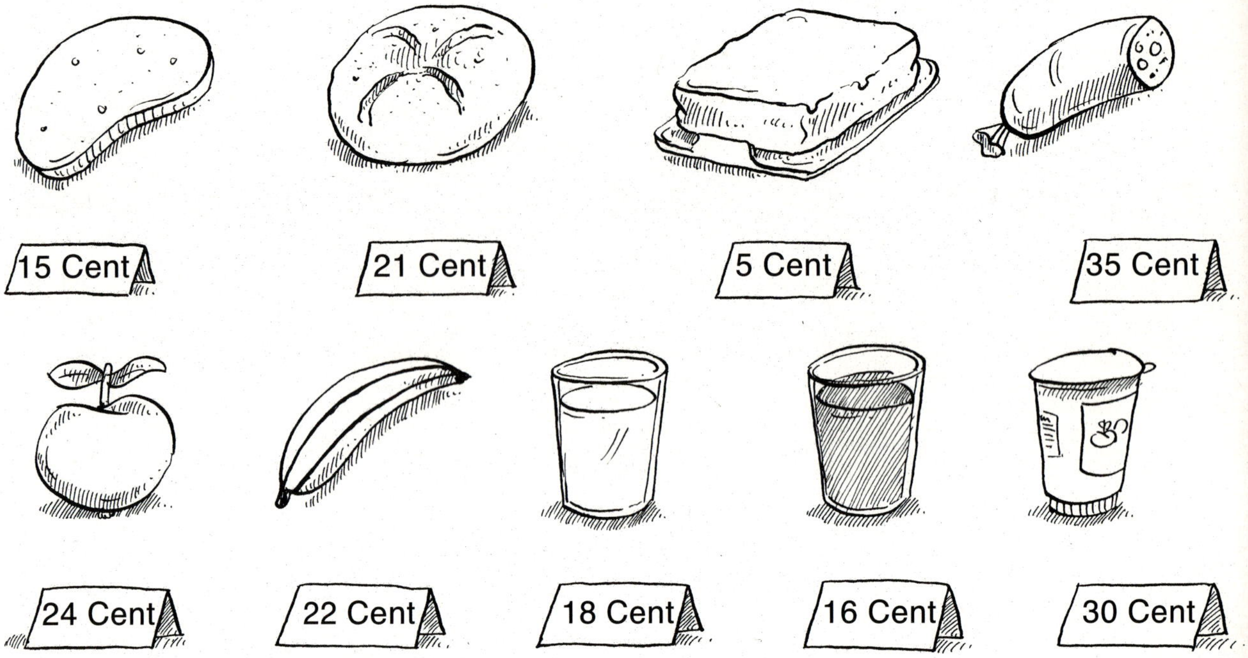

100 Cent für ein Traumfrühstück

Kartoffel/Brötchen 15 Cent | Brötchen 21 Cent | Butter 5 Cent | Wurst 35 Cent

Apfel 24 Cent | Banane 22 Cent | Milch 18 Cent | Saft 16 Cent | Jogurt 30 Cent

1 Wie viel kostet das? Lege und berechne die Preise.

a) Apfel + Milch _____

b) Brötchen + Butter _____

c) Brötchen + Butter _____

d) Apfel + Jogurt _____

2 Max isst zum Frühstück ein Brötchen mit Butter und Wurst.

Wie viel kostet das? _____

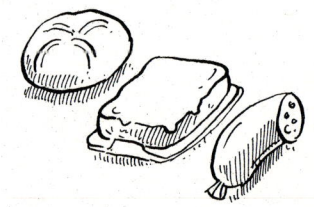

_____

3 Was kostet mehr? Ein Brötchen mit Wurst oder ein Jogurt mit Saft?

_____

_____

100 Cent für ein Traumfrühstück

4 Setze <, > oder = ein.

a) 18 + 30 ◯ 60 b) 47 + 5 ◯ 50 c) 70 ◯ 52 + 20 d) 40 ◯ 35 + 5

18 + 50 ◯ 60 47 + 3 ◯ 50 70 ◯ 52 + 40 40 ◯ 35 + 8

18 + 20 ◯ 60 47 + 1 ◯ 50 70 ◯ 52 + 10 40 ◯ 35 + 4

e) 68 − 30 ◯ 40 f) 47 − 5 ◯ 40 g) 30 ◯ 52 − 20 h) 60 ◯ 65 − 5

68 − 50 ◯ 40 47 − 3 ◯ 40 30 ◯ 52 − 40 60 ◯ 65 − 8

68 − 20 ◯ 40 47 − 8 ◯ 40 30 ◯ 52 − 10 60 ◯ 65 − 4

5 Was kannst du für 40 Cent kaufen?

1. Ein Brötchen und einen Saft.

2. _____

3. _____

4. _____

6 Wie viel kostet das? Lege und berechne die Preise.

a) _____

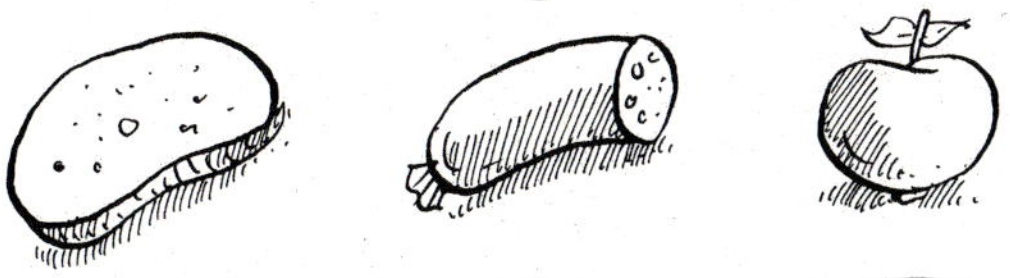

b) _____

c) _____

7 Was kannst du für genau 50 Cent kaufen? _____

_____

Verpackungen

1 Schreibe die Plus- und die Malaufgaben. Rechne.

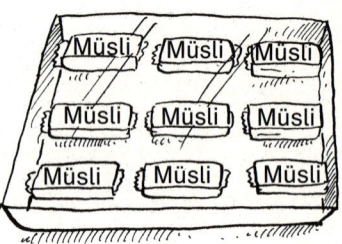

a) 3 + ___ = ___   b) ___ + ___ + ___ + ___ = ___   c) ___ + ___ + ___ = ___

___ · 3 = ___   ___ · ___ = ___   ___ · ___ = ___

2 Schreibe die Malaufgaben. Rechne.

a) 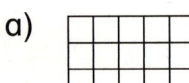   b) 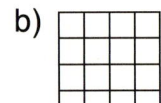   c) 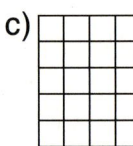   d)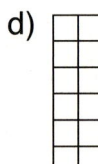

___ · ___ = ___   ___ · ___ = ___   ___ · ___ = ___   ___ · ___ = ___

e) 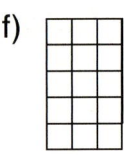   f) 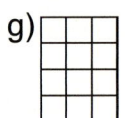   g) 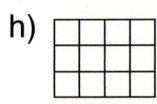   h)

___ · ___ = ___   ___ · ___ = ___   ___ · ___ = ___   ___ · ___ = ___

3 Schreibe Malaufgaben. Rechne.

a) 3 + 3 + 3 + 3 = ___   b) 7 + 7 + 7 + 7 + 7 = ___   c) 1 + 1 + 1 + 1 + 1 = ___

___ · ___ = ___   ___ · ___ = ___   ___ · ___ = ___

5 + 5 + 5 = ___   6 + 6 + 6 + 6 = ___   8 + 8 + 8 = ___

___ · ___ = ___   ___ · ___ = ___   ___ · ___ = ___

4 Rechne.

a) 2 · 2 = ___   b) 2 · 5 = ___   c) 2 · 3 = ___   d) 2 · 4 = ___

2 · 4 = ___   2 · 10 = ___   2 · 6 = ___   2 · 8 = ___

 Verpackungen

1 Schreibe die Malaufgabe. Gib auch die Tauschaufgabe an. Rechne.

a) 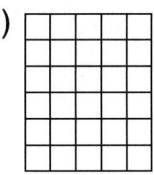   b)   c)   d)

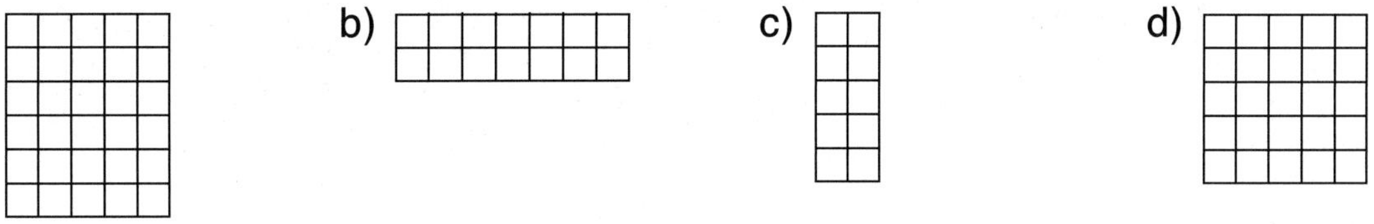

___ · ___ = ___   ___ · ___ = ___   ___ · ___ = ___   ___ · ___ = ___

___ · ___ = ___   ___ · ___ = ___   ___ · ___ = ___   ___ · ___ = ___

2 Male das Malfeld. Rechne. Schreibe auch die Tauschaufgabe.

a) 2 · 2 = ___   b) 2 · 4 = ___   c) 4 · 6 = ___   d) 4 · 3 = ___

___ · ___ = ___   ___ · ___ = ___   ___ · ___ = ___   ___ · ___ = ___

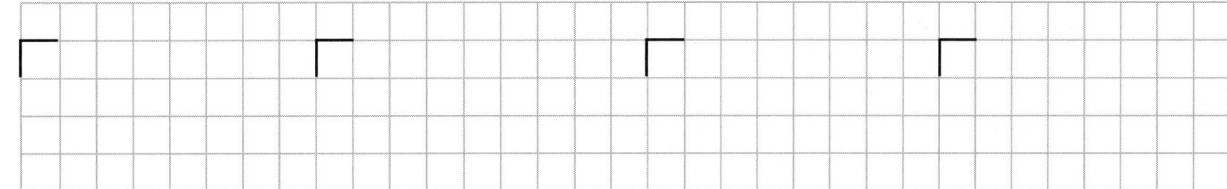

3 Sina sieht eine Malaufgabe mit dem Ergebnis 16. Wie könnte die Malaufgabe heißen?   ___ · ___ = 16   oder   ___ · ___ = 16   oder   ___ · ___ = 16

4 Rechne. Schreibe auch die Tauschaufgaben.

a) 4 · 3 = ___   b) 6 · 0 = ___   c) 7 · 3 = ___   d) 2 · 6 = ___

___ · ___ = ___   ___ · ___ = ___   ___ · ___ = ___   ___ · ___ = ___

e) 7 · 5 = ___   f) 8 · 2 = ___   g) 5 · 2 = ___   h) 0 · 3 = ___

___ · ___ = ___   ___ · ___ = ___   ___ · ___ = ___   ___ · ___ = ___

5 Rechne.

a) 3 · 2 = ___   b) 5 · 4 = ___   c) 4 · 5 = ___   d) 2 · 6 = ___

6 · 2 = ___   10 · 4 = ___   8 · 5 = ___   4 · 6 = ___

Verpackungen

1 Schreibe die Aufgabe. Rechne.

a) 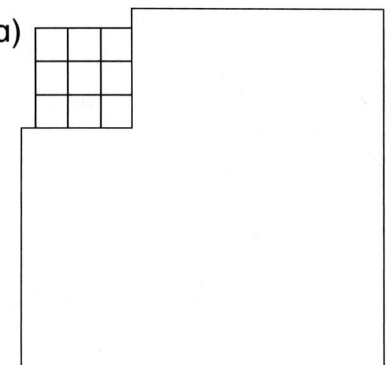   b) 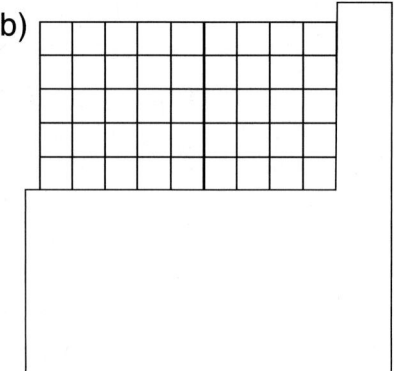   c)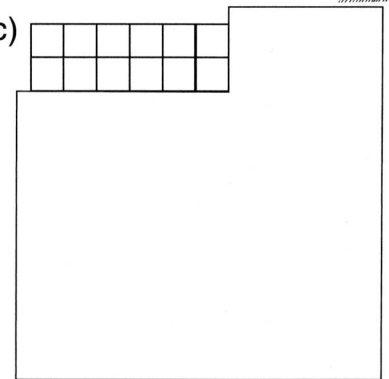

___ · ___ = ___   ___ · ___ = ___   ___ · ___ = ___

2 Färbe die Aufgabe an der Hunderter-Tafel. Rechne.

a) 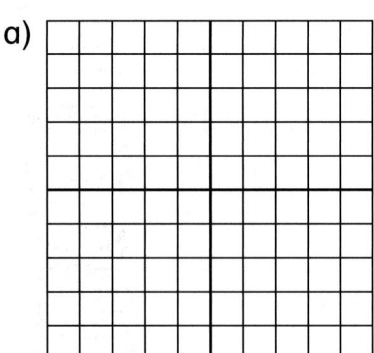   b) 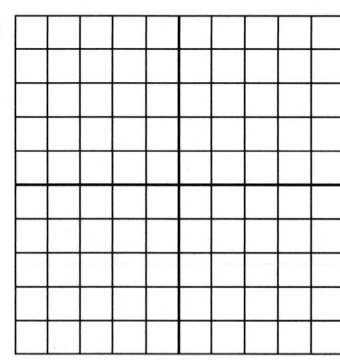   c)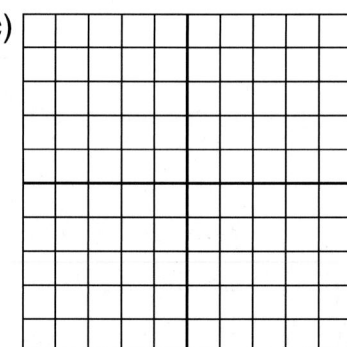

4 · 4 = ___   7 · 5 = ___   3 · 9 = ___

3 Rechne.

a) 6 · 2 = ___   b) 3 · 2 = ___   c) 9 · 2 = ___   d) 0 · 7 = ___

6 · 3 = ___   3 · 3 = ___   9 · 3 = ___   2 · 7 = ___

6 · 4 = ___   3 · 4 = ___   9 · 4 = ___   4 · 7 = ___

4 Wie viele Reifen sind es?

a) 2 Autos   b) 7 Autos   c) 5 Autos   d) 3 Autos

2 · 4 = ___   ___ · ___ = ___   ___ · ___ = ___   ___ · ___ = ___

___ Reifen   ___ Reifen   ___ Reifen   ___ Reifen

Verpackungen

1 Finde die Malaufgaben. Rechne.

a) 4 + 4 + 4 = ___ · ___ = ___   b) 5 + 5 = ___ · ___ = ___

3 + 3 + 3 + 3 + 3 = ___ · ___ = ___   2 + 2 + 2 + 2 + 2 + 2 = ___ · ___ = ___

0 + 0 = ___ · ___ = ___   8 + 8 + 8 = ___ · ___ = ___

2 Rechne.

a) 5 · 2 = ___   b) 3 · 5 = ___   c) 6 · 4 = ___   d) 5 · 0 = ___

6 · 2 = ___   3 · 6 = ___   8 · 2 = ___   7 · 1 = ___

7 · 2 = ___   3 · 7 = ___   5 · 5 = ___   10 · 4 = ___

3 Rechne.

a) 3 · ___ = 15   b) ___ · 2 = 8   c) ___ · 0 = 0

6 · ___ = 18   ___ · 3 = 12   4 · ___ = 24

5 · ___ = 20   ___ · 4 = 16   ___ · 2 = 20

4 Max entdeckt beim Auto-Reifenhändler zwanzig Reifen.

a) Für wie viele Autos reichen die Reifen? Rechne.

___ · ___ = 20   oder   ___ · ___ = 20

_____

b) Max findet andere Reifen-Stapel. Rechne.

24 Reifen	12 Reifen	40 Reifen	16 Reifen
___ · ___ = 24	___ · ___ = 12	___ · ___ = 40	___ · ___ = ___
___ · ___ = 24	___ · ___ = 12	___ · ___ = ___	___ · ___ = ___
___ Autos	___ Autos	___ Autos	___ Autos

5 Rechne.

a) ___ + ___ + ___ = 12   b) ___ + ___ + ___ + ___ = 24   c) ___ + ___ = 18

___ · 4 = 12   4 · ___ = 24   ___ · 9 = 18

___ + ___ + ___ = 15   ___ + ___ + ___ + ___ = 40   ___ + ___ = 14

3 · ___ = 15   4 · ___ = 40   ___ · ___ = 14

23

Auf der Suche nach den hundert Malaufgaben

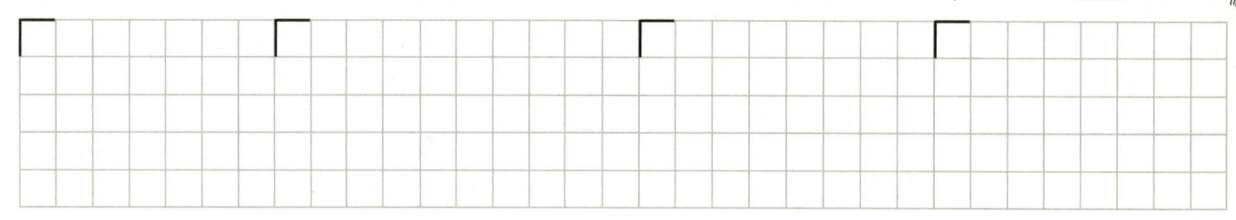

1 ..... Zeichne das Malfeld. Rechne.

a) 2 · 5 = ___   b) 3 · 8 = ___   c) 4 · 6 = ___   d) 5 · 3 = ___

2 ..... Schreibe die Malaufgaben. Rechne.

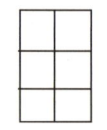

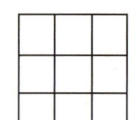

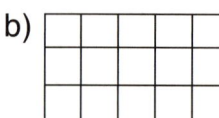

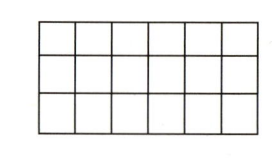

a)

b)

___ · ___ = ___   ___ · ___ = ___   ___ · ___ = ___   ___ · ___ = ___

3 ..... Verlängere das Malfeld. Male. Schreibe die Malaufgaben. Rechne.

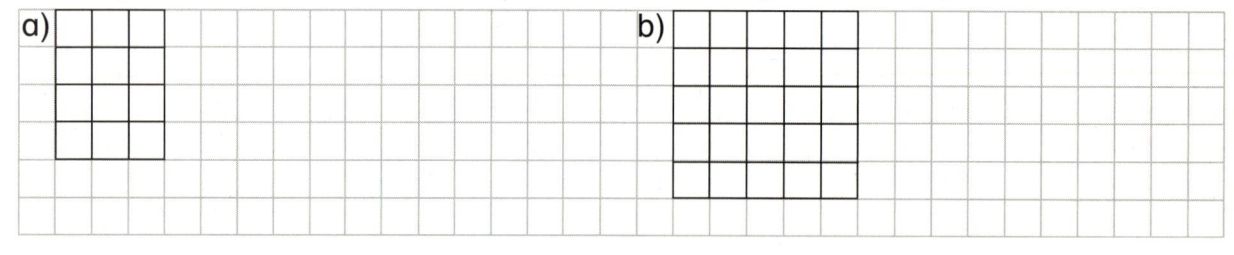

a)

b)

___ · ___ = ___   ___ · ___ = ___   ___ · ___ = ___   ___ · ___ = ___

4 ..... Verkürze das Malfeld. Male. Schreibe die Malaufgaben. Rechne.

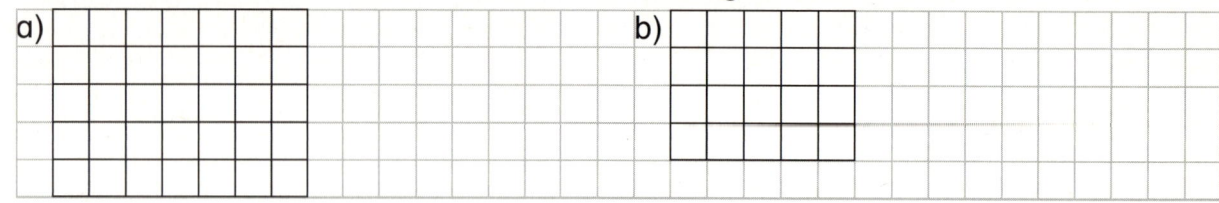

a)

b)

___ · ___ = ___   ___ · ___ = ___   ___ · ___ = ___   ___ · ___ = ___

5 ..... Rechne.

a) 5 · 4 = ___   b) 2 · 5 = ___   c) 1 · 4 = ___   d) 6 · 3 = ___

   5 · 5 = ___   2 · 4 = ___   2 · 4 = ___   5 · 3 = ___

   5 · 6 = ___   2 · 3 = ___   3 · 4 = ___   4 · 3 = ___

Auf der Suche nach den hundert Malaufgaben

1 Schreibe die Malaufgaben. Rechne.

a)   b)

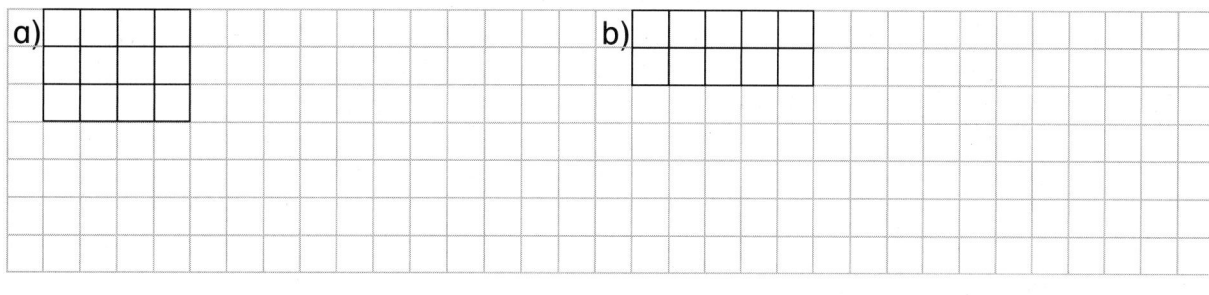

___ · ___ = ___   ___ · ___ = ___   ___ · ___ = ___   ___ · ___ = ___

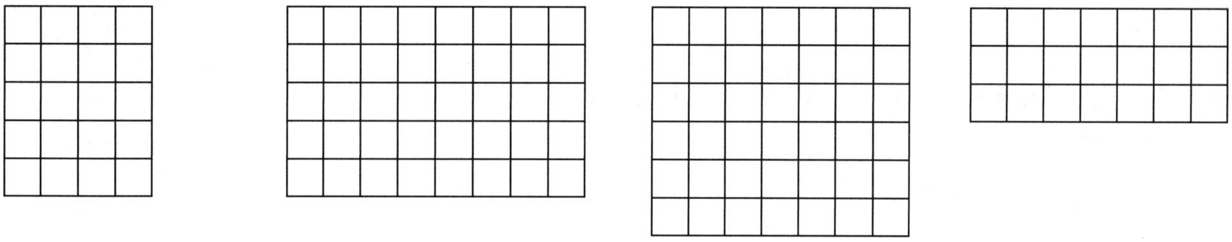

2 Verdopple das Malfeld. Male. Schreibe die Malaufgaben. Rechne.

___ · ___ = ___   ___ · ___ = ___   ___ · ___ = ___   ___ · ___ = ___

3 Halbiere das Malfeld. Male. Schreibe die Malaufgaben. Rechne.

a)   b)

___ · ___ = ___   ___ · ___ = ___   ___ · ___ = ___   ___ · ___ = ___

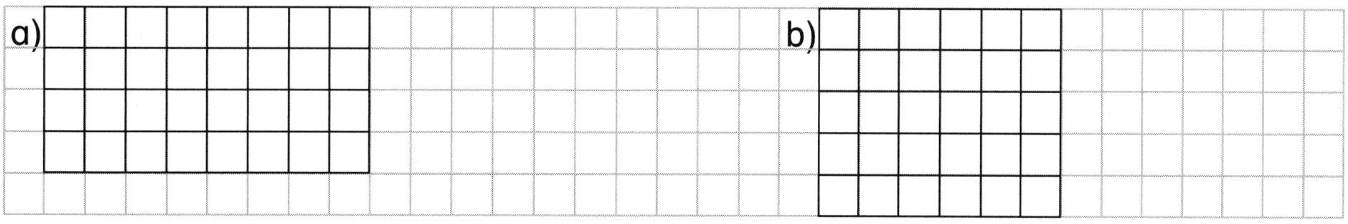

4 Rechne.

a) 2 · 6 = ___   b) 8 · 2 = ___   c) 6 · 10 = ___   d) 6 · 5 = ___

    4 · 6 = ___   8 · 4 = ___   6 · 5 = ___   3 · 5 = ___

5 Felix und Sina teilen sich eine Tafel Schokolade. Sie halbieren sie.

Wie viele Stücke bekommt jedes Kind? _____

Auf der Suche nach den hundert Malaufgaben

1 Rechne. Verbinde Aufgabe und Tauschaufgabe.

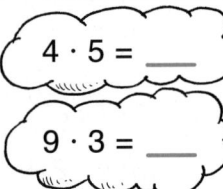 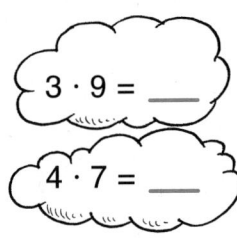 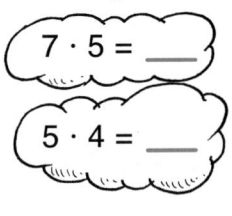 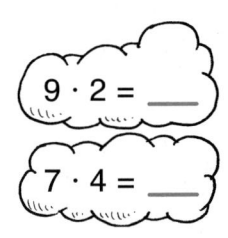 

4 · 5 = ___
9 · 3 = ___
3 · 9 = ___
4 · 7 = ___
7 · 5 = ___
5 · 4 = ___
9 · 2 = ___
7 · 4 = ___
5 · 7 = ___
2 · 9 = ___

2 Rechne.

a) 2 · 3 = ___   b) 4 · 3 = ___   c) 3 · 8 = ___   d) 6 · 5 = ___

3 · 2 = ___   3 · 4 = ___   8 · 3 = ___   5 · 6 = ___

3 Zeichne die Malfelder. Rechne.

a) 7 · 7 = ___   b) 6 · 6 = ___   c) 5 · 5 = ___   d) 4 · 4 = ___

4 Schreibe die Malaufgaben. Rechne.

a)   b)   c)   d)

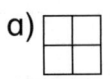 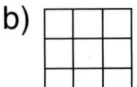 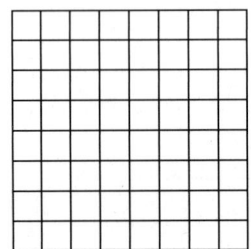 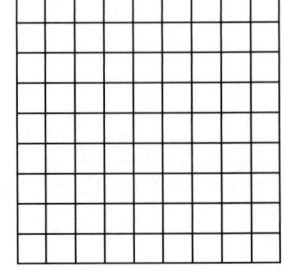

___ · ___ = ___   ___ · ___ = ___   ___ · ___ = ___   ___ · ___ = ___

5 Rechne. Führe fort.

a) 5 · 2 = ___   b) 10 · 10 = ___   c) 7 · 5 = ___   d) 4 · 4 = ___

4 · 2 = ___   9 · 10 = ___   6 · 5 = ___   5 · 4 = ___

3 · 2 = ___   8 · 10 = ___   5 · 5 = ___   6 · 4 = ___

___ · ___ = ___   ___ · ___ = ___   ___ · ___ = ___   ___ · ___ = ___

Auf der Suche nach den hundert Malaufgaben

1 Rechne.

a) 2 · 2 = ___
1 · 2 = ___
0 · 2 = ___

b) 4 · 2 = ___
6 · 2 = ___
8 · 2 = ___

c) 10 · 2 = ___
9 · 2 = ___
8 · 2 = ___

d) 16 = 2 · ___
18 = ___ · 2
20 = 2 · ___

2 Rechne.

a) 5 · 10 = ___
7 · 10 = ___
9 · 10 = ___

b) 3 · 10 = ___
1 · 10 = ___
0 · 10 = ___

c) 10 · 10 = ___
9 · 10 = ___
8 · 10 = ___

d) 60 = 10 · ___
70 = ___ · 10
0 = ___ · 10

3 Rechne.

a) 2 · 5 = ___
3 · 5 = ___
0 · 5 = ___

b) 5 · 5 = ___
4 · 5 = ___
6 · 5 = ___

c) 10 · 5 = ___
9 · 5 = ___
8 · 5 = ___

d) 35 = 5 · ___
40 = ___ · 5
45 = ___ · 5

4 Färbe die Ergebniszahlen auf die Hunderter-Tafel.

a) Einmaleins der 2
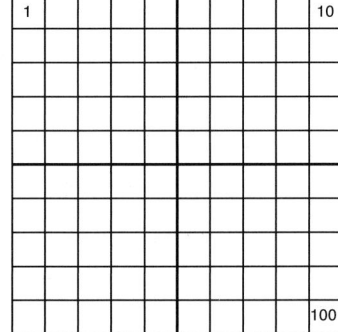

b) Einmaleins der 10
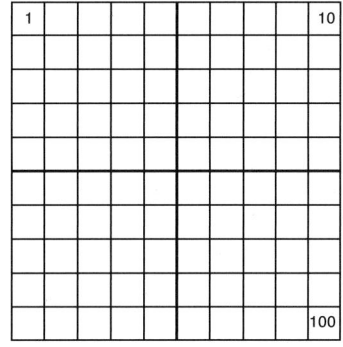

c) Einmaleins der 5
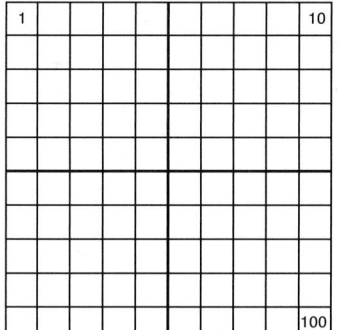

5 Ausschnitte aus der Einmaleins-Tafel. Trage die fehlenden Malaufgaben ein. Rechne.

a) ___ · ___ = ___ | 6 · 5 = ___ | ___ · ___ = ___

b) ___ · ___ = ___
___ · ___ = ___
3 · 9 = ___

c)
___ · ___ = ___
4 · 2 = ___ | ___ · ___ = ___ | ___ · ___ = ___
___ · ___ = ___

Der menschliche Körper

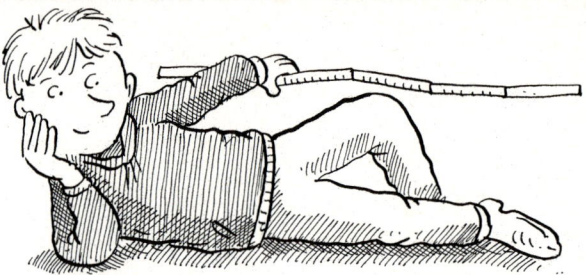

1 ..... Miss. Trage deine Messergebnisse in die Tabelle ein.

	Gemessen mit		
	Handspanne	Handbreite	Lineal
Länge des Arbeitshefts			
Breite des Arbeitshefts			

2 ..... Miss die Längen der Strecken in Zentimeter. Ordne sie.
Beginne mit der kleinsten Länge. Trage ein.

Länge						
Buchstabe						

3 ..... Miss die Strecken. Schreibe jeweils die Länge an die Strecken. Zeichne weiter.

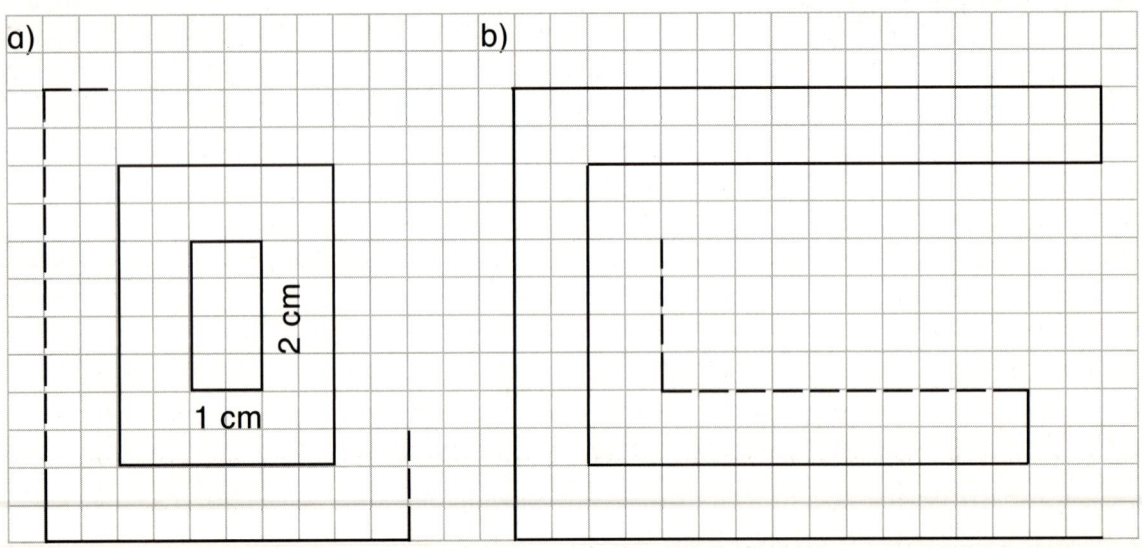

28

Der menschliche Körper

1 Miss die Entfernungen. Trage ein.

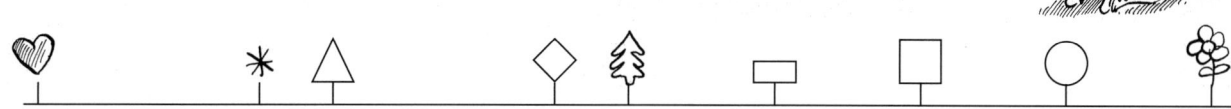

a) von ✷ bis ○: _____   b) von ♡ bis ▭: _____

c) von ◇ bis □: _____   d) von △ bis 🌲: _____

e) von ♡ bis 🌸: _____   f) von ○ bis 🌸: _____

2 Rechne.

a) 3 cm + 2 cm = _____   b) 23 cm + 5 cm = _____

    5 cm + 3 cm = _____   27 cm + 8 cm = _____

    8 cm + 5 cm = _____   9 cm + 17 cm = _____

   13 cm + 8 cm = _____   44 cm + 9 cm = _____

c) 42 cm + 37 cm = _____   d) 82 cm + _____ = 100 cm

   59 cm + 21 cm = _____   56 cm + _____ = 65 cm

   13 cm + 83 cm = _____   _____ + 43 cm = 77 cm

   75 cm + 12 cm = _____   _____ + 38 cm = 90 cm

3 Wandle um. Trage ein.

a) 110 cm = 1 m 10 cm   b) 1 m 34 cm = _____ cm

   116 cm = ___ m ___ cm   1 m 6 cm = _____ cm

   108 cm = ___ m ___ cm   1 m 52 cm = _____ cm

4 Trage ein.

Länge	100 cm	50 cm	30 cm		
die Hälfte				30 cm	35 cm

29

Der menschliche Körper

1 Trage ein.

a)

b)

c)

___ Fahrrad   ___ Fahrräder   ___ Fahrräder

___ Reifen   ___ Reifen   ___ Reifen

2 Wie viele Reifen haben die Fahrräder zusammen? Schreibe Aufgaben.

a)

b)

c)

___ · 2 = ___   ___ · 2 = ___   ___ · 2 = ___

3 Schreibe Aufgaben zu den Feldern. Rechne.

a) 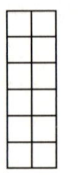   b) 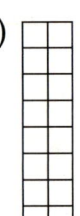   c) 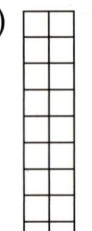   d)

___ · ___ = ___   ___ · ___ = ___   _____   _____

4 Rechne.

a) 0 · 2 = ___
1 · 2 = ___
9 · 2 = ___

c) 2 · 2 = ___
4 · 2 = ___
8 · 2 = ___

b) 6 = ___ · 2
12 = ___ · 2
14 = ___ · 2

d) 0 = ___ · 2
10 = ___ · 2
20 = ___ · 2

5 Rechne die Malaufgaben.

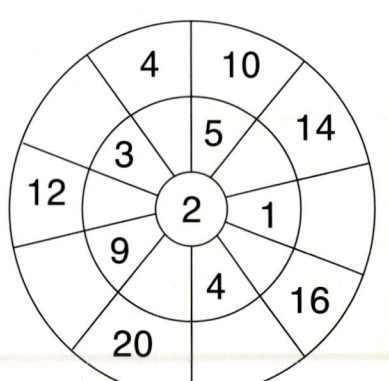

30

 **Der menschliche Körper**

1..... Trage ein.

a)

b)

c)

___ Auto   ___ Autos   ___ Autos

___ Reifen   ___ Reifen   ___ Reifen

2..... Wie viele Reifen haben die Autos zusammen? Schreibe Aufgaben.

a)

b)

c)

___ · 4 = ___   ___ · 4 = ___   ___ · 4 = ___

3..... Schreibe Aufgaben zu den Feldern. Rechne.

a) 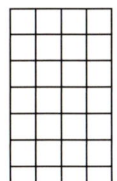 b) 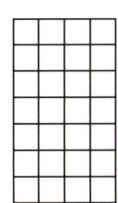 c) 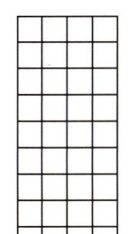 d)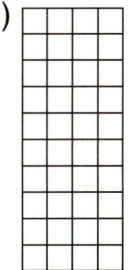

___ · ___ = ___   ___ · ___ = ___   _____   _____

4..... Rechne.

a) 0 · 4 = ___   b) 12 = ___ · 4

     1 · 4 = ___   24 = ___ · 4

     9 · 4 = ___   28 = ___ · 4

c) 2 · 4 = ___   d) 0 = ___ · 4

     4 · 4 = ___   20 = ___ · 4

     8 · 4 = ___   40 = ___ · 4

5..... Rechne die Malaufgaben.

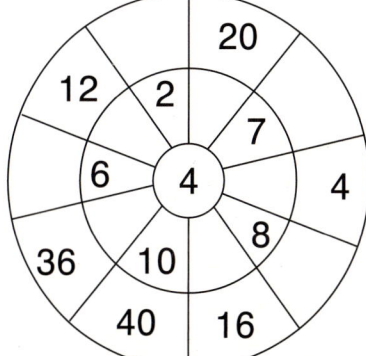

Das Jahr und der Kalender

1..... Bringe die Monate in die richtige Reihenfolge. Schreibe hinter jeden Monat den dazugehörigen Buchstaben. Du erhältst ein Lösungswort.

September	Juli	Oktober	Dezember	April	August
Ⓔ	Ⓝ	Ⓘ	Ⓡ	Ⓢ	Ⓕ

Mai	Januar	November	Februar	Juni	März
Ⓢ	Ⓚ	Ⓔ	Ⓛ	Ⓔ	Ⓐ

1.: Januar (K)

2.: _____ ( )

3.: _____ ( )

4.: _____ ( )

5.: _____ ( )

6.: _____ ( )

7.: _____ ( )

8.: _____ ( )

9.: _____ ( )

10.: _____ ( )

11.: _____ ( )

12.: _____ ( )

Lösungswort: K __ __ __ __ __ __ __ __ __ __ __

2..... Fülle den Jahreskreis aus.

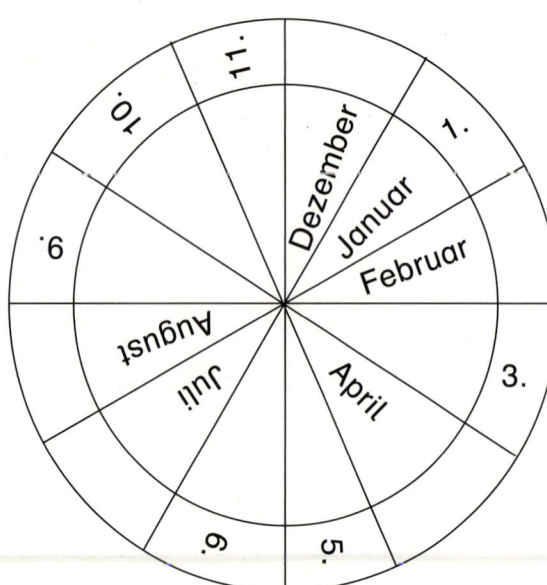

3..... Schreibe das Datum kürzer auf.

16. April _____

22. November _____

7. Februar _____

4..... Schreibe das Datum mit Monatsnamen.

12. 10. _____

10. 12. _____

3. 3. _____

11. 1. _____

32

Das Jahr und der Kalender

1 Schreibe den Vormonat und den Folgemonat auf.

a) _____ , Januar, _____

b) _____ , April, _____

c) _____ , September, _____

2 Trage die fehlenden Monate ein.

a) | Oktober | | | Januar |
|---|---|---|---|

b) | | | Mai | | |
|---|---|---|---|---|

c) | | | | | November |
|---|---|---|---|---|

3 Welcher Monat ist gesucht?

a) der 11. Monat: _____

b) zwei Monate nach Februar: _____

c) der 8. Monat: _____

d) sechs Monate vor März: _____

e) zwölf Monate vor Januar: _____

4 Ordne die Daten nach ihrer Reihenfolge im Jahr.

a) 7.12., 17.2., 27.1., 17.12., 2.7.: ____, ____, ____, ____, ____

b) 5.3., 1.9., 14.2., 10.3., 3.5.: ____, ____, ____, ____, ____

c) 26.2., 5.11., 20.10., 11.5., 22.2.: ____, ____, ____, ____, ____

5 Die Erdbeermarmelade hält ein halbes Jahr. Sie wurde am 15. 1. verpackt.

Wie lange ist sie haltbar? Schreibe das Datum auf. _____

Das Jahr und der Kalender

1 Trage den Wochentag ein.

a) Heute ist Montag.

Morgen ist _____

Übermorgen ist _____

b) Heute ist Montag.

Gestern war _____

Vorgestern war _____

c) Gestern war Samstag.

Morgen ist _____

Vorgestern war _____

b) Übermorgen ist Freitag.

Gestern war _____

Morgen ist _____

2 Trage den Wochentag und das Datum ein.
a) Heute ist Dienstag, der 29. April.

Morgen ist _____

Gestern war _____

In drei Tagen ist _____

b) Vorgestern war Montag, der 14. April.

Heute ist _____

Übermorgen ist _____

Vor einer Woche war _____

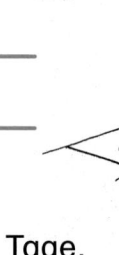

3 Wie viele Tage sind es? Trage ein.
Vom 4. Dezember bis zum 8. Dezember sind es vier Tage.

a) Vom 8. Dezember bis zum 15. Dezember: _____

b) Vom 2. März bis zum 20. März: _____

c) Vom 27. September bis zum 3. Oktober: _____

4 Rechne.

a) 28 + 11 = ____
   17 + 11 = ____
   20 + 17 = ____

b) 16 + 8 = ____
   9 + 27 = ____
   34 + 16 = ____

c) 30 − 27 = ____
   26 − 13 = ____
   31 − 8 = ____

d) 70 − 43 = ____
   52 − 30 = ____
   28 − 16 = ____

Das Jahr und der Kalender

1 Wie viele Tage sind es?

a) 1 Woche: _____   b) 2 Wochen und 4 Tage: _____

2 Wochen: _____   3 Wochen und 1 Tag: _____

0 Wochen: _____   1 Woche und 6 Tage: _____

5 Wochen: _____   0 Wochen und 3 Tage: _____

2 Wie viele Wochen und Tage sind es?

a) 14 Tage: _____   b) 23 Tage: _____

19 Tage: _____   29 Tage: _____

10 Tage: _____   20 Tage: _____

30 Tage: _____   11 Tage: _____

3 Was dauert länger? Ordne.

a) 3 Tage und 2 Wochen, 3 Wochen und 2 Tage, 18 Tage:

_____ , _____ , _____

b) 28 Tage, 3 Wochen und 5 Tage, 1 Tag und 4 Wochen:

_____ , _____ , _____

4 Wege durch den Kalender.

a) Starte am 31. Gehe 5 Schritte nach links und 3 Schritte nach oben. Du landest auf dem _____ .

b) Starte am _____ . Gehe 2 Schritte nach unten und 4 Schritte nach links. Du landest auf dem 20.

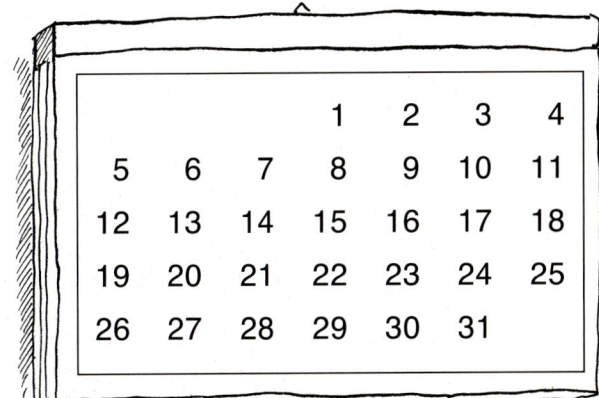

5 Rechne.

a) 4 · 7 = ____   b) ____ · 3 = 21   c) 5 · ____ = 35   d) ____ = 2 · 7

2 · 7 = ____   ____ · 6 = 42   7 · ____ = 49   ____ = 7 · 3

0 · 7 = ____   ____ · 7 = 7   7 · ____ = 0   ____ = 0 · 7

35

Grußkarten

1 Stelle einen Spiegel auf die Linie. Lies.
Schreibe die Wörter richtig auf.

2 Stelle einen Spiegel auf die Linie. Schreibe in Spiegelschrift.
Überprüfe mit dem Spiegel.

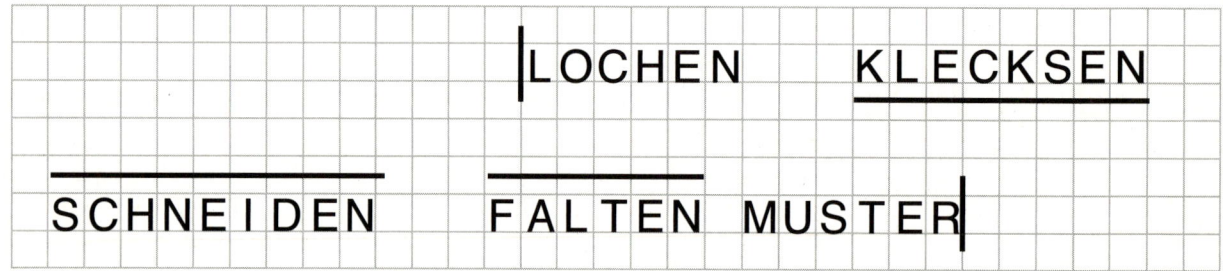

3 Stelle einen Spiegel auf die Linie. Was siehst du? Zeichne.

4 Suche die Spiegelachsen. Zeichne sie ein. Manchmal gibt es keine Spiegelachsen.
Dann streiche durch.

Z E X O 2 6 3 V

5 Sind die Bilder spiegelsymmetrisch? Schreibe den passenden Buchstaben auf.

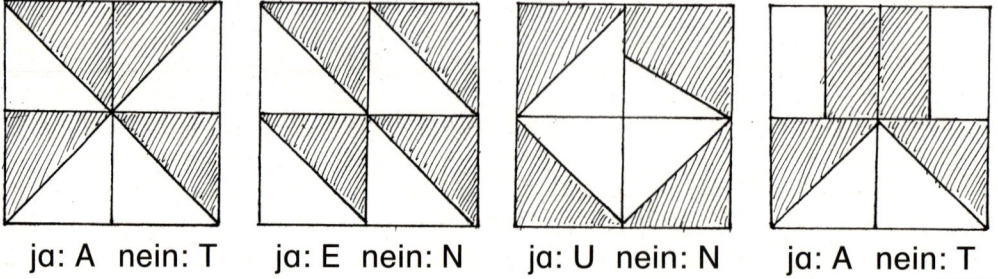

ja: A nein: T   ja: E nein: N   ja: U nein: N   ja: A nein: T

Lösungswort:

36

Grußkarten

1 Stelle einen Spiegel auf die dicke Linie. Male das Spiegelbild. Male das Bild bunt aus. (Achtung: Im Spiegel müssen die Farben passen.) Überprüfe mit dem Spiegel.

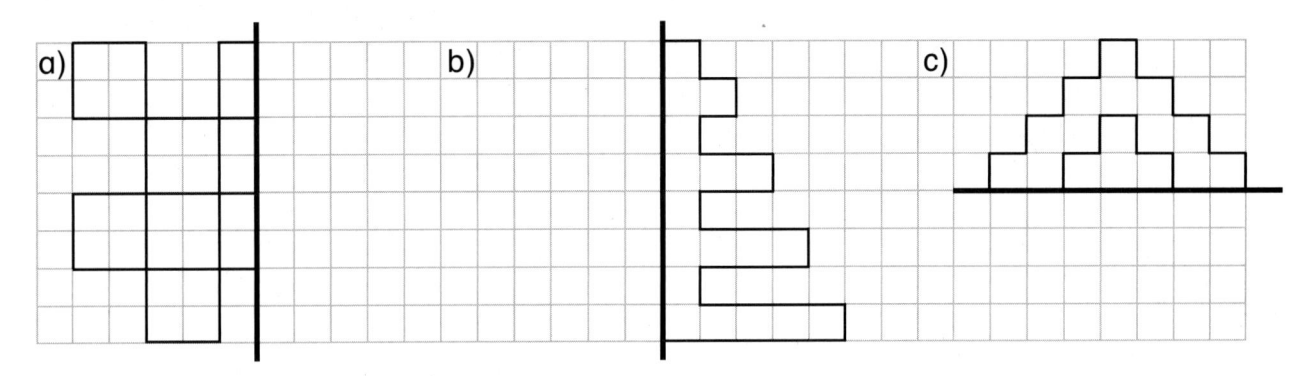

a)   b)   c)

2 Male die Muster weiter. Male sie bunt aus.

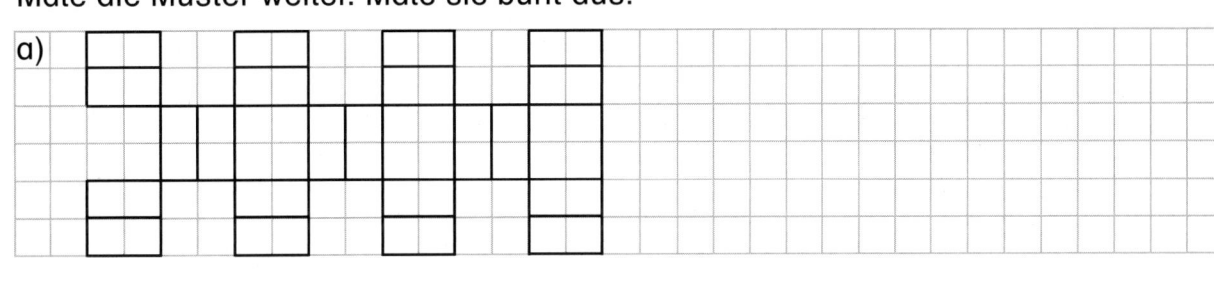

a)

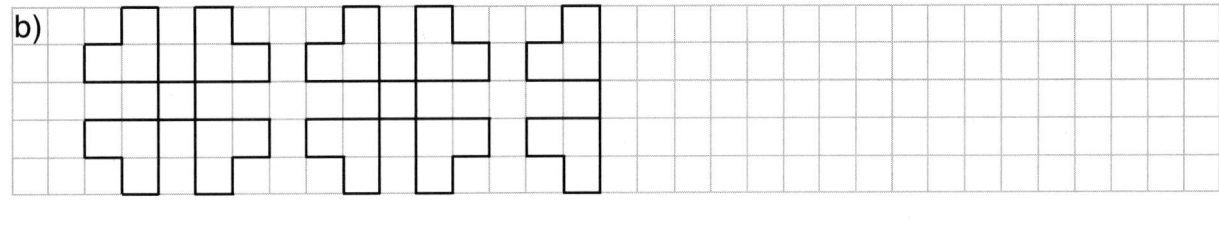

b)

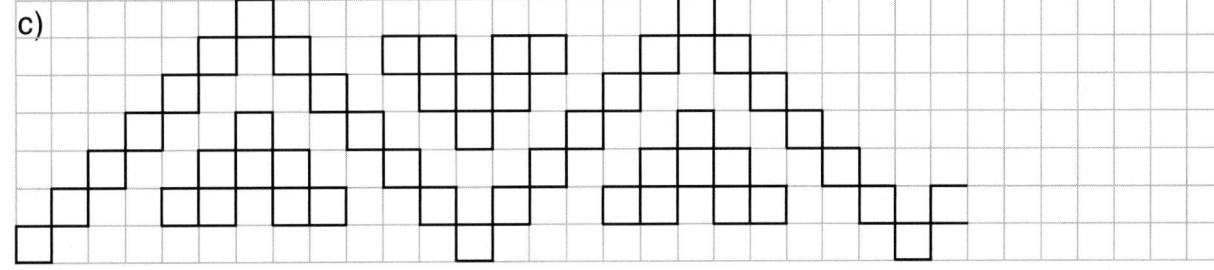

c)

3 Male so aus, dass ein Ornament mit Sternen zu sehen ist.

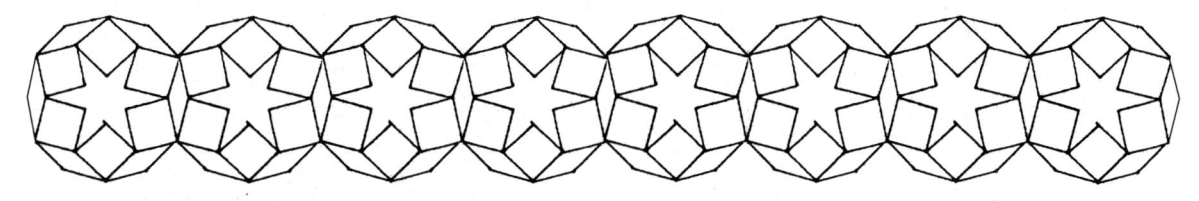

4 Male so aus, dass ein Ornament mit vielen Vierecken zu sehen ist.

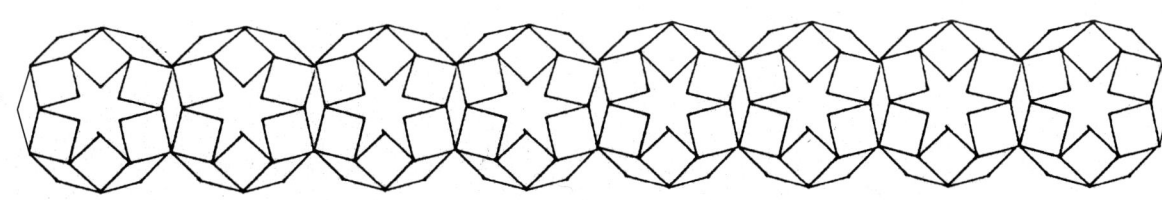

Grußkarten

1. Stelle einen Spiegel auf die dicke Linie. Male das Spiegelbild.
Schreibe die neue Malaufgabe auf. Rechne.

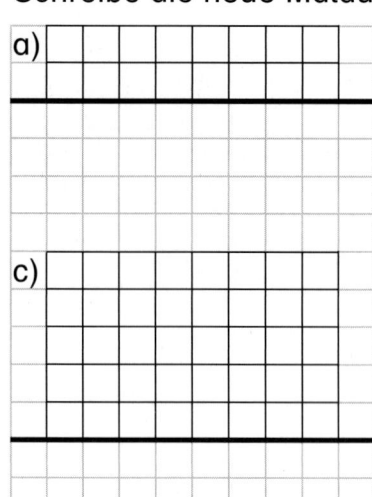

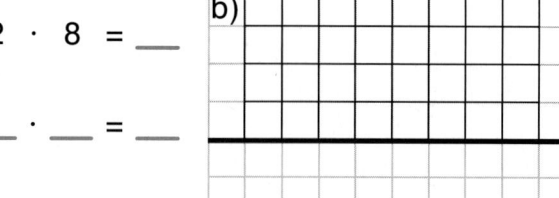

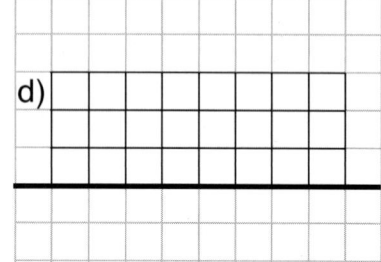

a) 2 · 8 = ___
___ · ___ = ___

b) 4 · 8 = ___
___ · ___ = ___

c) 5 · 8 = ___
___ · ___ = ___

d) 3 · 8 = ___
___ · ___ = ___

2. Spiegele an allen dicken Linien und male die Spiegelbilder.
Schreibe alle Malaufgaben auf, die dazu passen. Rechne.

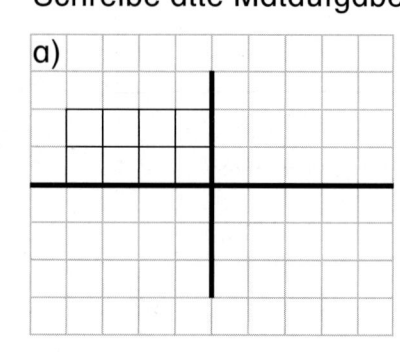

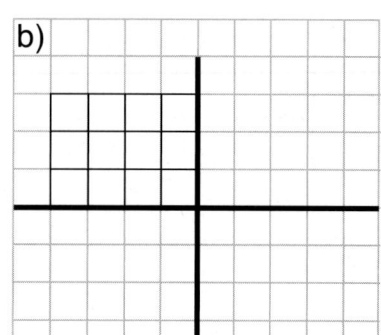

a) 2 · 4 = ___
___ · ___ = ___
___ · ___ = ___
___ · ___ = ___

b) 3 · 4 = ___
___ · ___ = ___
___ · ___ = ___
___ · ___ = ___

3. Rechne.

a) 3 · 4 = ___
6 · 4 = ___
9 · 4 = ___

b) 2 · 4 = ___
4 · 4 = ___
8 · 4 = ___

c) 0 · 4 = ___
1 · 4 = ___
10 · 4 = ___

d) 2 · 8 = ___
4 · 8 = ___
8 · 8 = ___

4. Rechne.

a) ___ · 8 = 40
___ · 8 = 24
___ · 8 = 32

b) 6 · 8 = ___
7 · 8 = ___
8 · 8 = ___

c) 4 · ___ = 0
1 · ___ = 8
9 · ___ = 72

d) 6 · ___ = 24
3 · ___ = 24
2 · ___ = 24

38

Grußkarten

1. Stelle einen Spiegel auf die dicke Linie. Male das Spiegelbild.
Schreibe die neue Malaufgabe auf. Rechne.

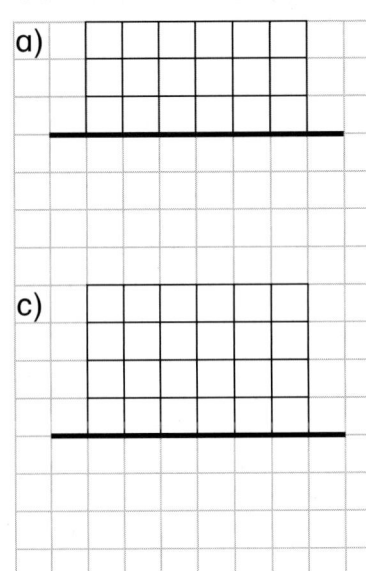

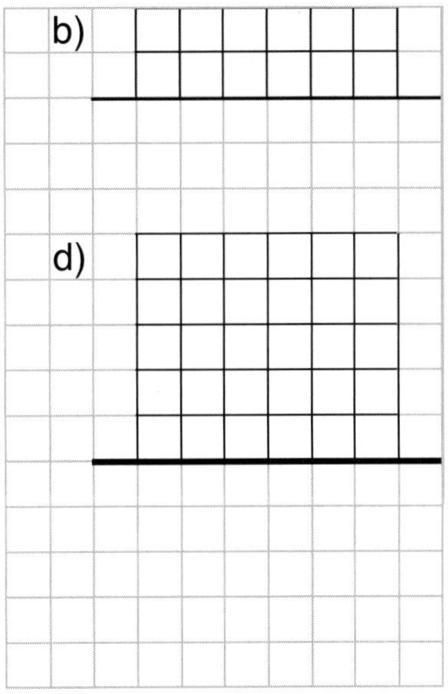

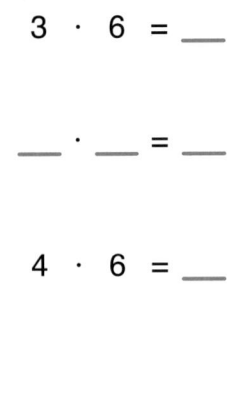

a) 3 · 6 = __

___ · ___ = ___

b) 2 · 6 = __

___ · ___ = ___

c) 4 · 6 = __

___ · ___ = ___

d) 5 · 6 = __

___ · ___ = ___

2. Spiegele an allen dicken Linien und male die Spiegelbilder.
Schreibe alle Malaufgaben auf, die dazu passen. Rechne.

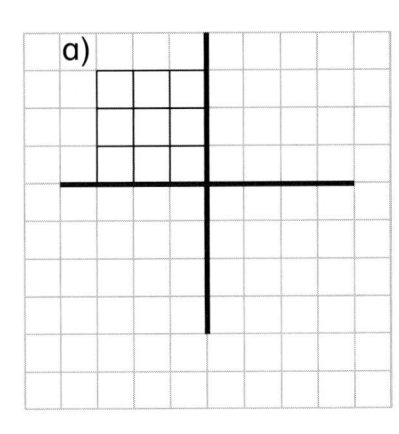

a) 3 · 3 = __

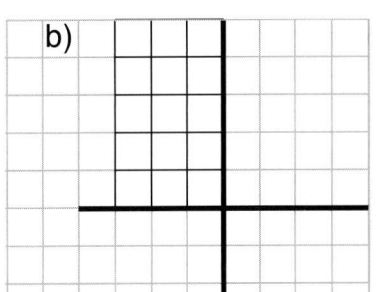

___ · ___ = ___

___ · ___ = ___

___ · ___ = ___

b) 5 · 3 = __

___ · ___ = ___

___ · ___ = ___

___ · ___ = ___

3. Rechne die Malaufgaben. Trage ein.

a) (Zahlen: 0, 6, 3, 9, 3, 30, 2, 8, 9, innen 3)

b) (Zahlen: 30, 5, 4, 18, 9, 8, 7, 60, 0, innen 6)

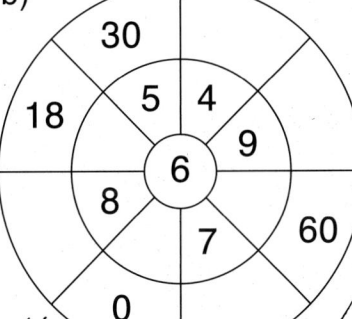

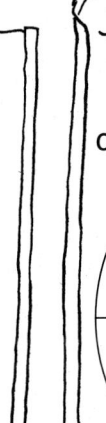

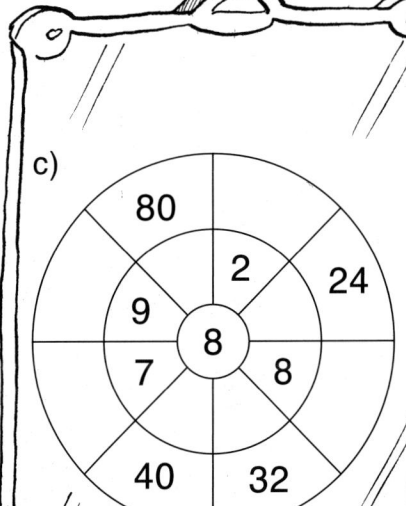

c) (Zahlen: 80, 2, 24, 9, 8, 7, 8, 40, 32, innen 8)

Weiter mit Plus und Minus

1 Schreibe passende Plus-Aufgaben.

a)

b)

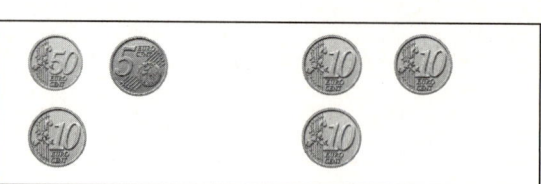

55 Cent + 15 Cent = _____

c)

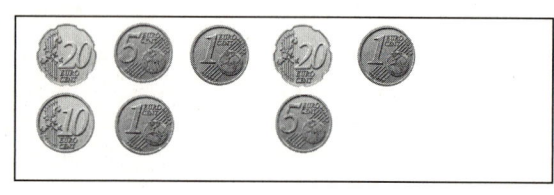

d)

_____   _____

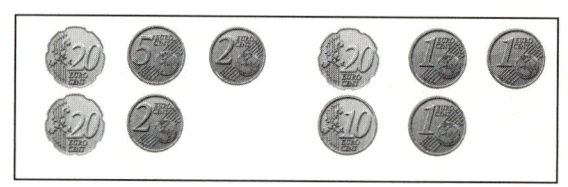

2 Probiere Rechenwege aus.

a) 24 + 15 = 39

24 + 10 = ___

34 + 5 = ___

24 + 15 = _____

20 + 10 = ___

4 + 5 = ___

b) 25 + 15 = ___

25 + 10 = ___

___ + ___ = ___

25 + 15 = _____

20 + 10 = ___

5 + 5 = ___

c) 26 + 16 = ___

26 + ___ = ___

___ + ___ = ___

26 + 16 = _____

20 + ___ = ___

___ + ___ = ___

d) 56 + 26 = ___

___ + ___ = ___

___ + ___ = ___

56 + 26 = _____

___ + ___ = ___

___ + ___ = ___

3 Schreibe deinen Rechenweg auf.

a) 30 + 23 = ___

___ + ___ = ___

___ + ___ = ___

b) 33 + 27 = ___

___ + ___ = ___

___ + ___ = ___

c) 38 + 27 = ___

___ + ___ = ___

___ + ___ = ___

d) 68 + 15 = ___

___ + ___ = ___

___ + ___ = ___

e) 58 + 24 = ___

___ + ___ = ___

___ + ___ = ___

f) 42 + 24 = ___

___ + ___ = ___

___ + ___ = ___

g) 18 + 81 = ___

___ + ___ = ___

___ + ___ = ___

h) 57 + 36 = ___

___ + ___ = ___

___ + ___ = ___

Weiter mit Plus und Minus

1 Lege nach und nimm weg.

a) 52 Cent – 21 Cent = _____

b) _____ – 15 Cent = _____

c) _____ – 33 Cent = _____

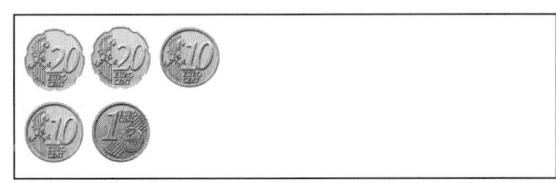

d) _____ – 14 Cent = _____

2 Probiere Rechenwege aus.

a) 38 – 15 = 23
38 – 10 = ___
28 – 5 = ___

38 – 15 = _____
38 – 5 = ___
___ – 10 = ___

b) 47 – 17 = ___
47 – 10 = ___
___ – 7 = ___

47 – 17 = _____
47 – 7 = ___
___ – 10 = ___

c) 54 – 16 = ___
54 – ___ = ___
___ – ___ = ___

54 – 16 = _____
54 – ___ = ___
___ – ___ = ___

d) 56 – 29 = ___
___ – ___ = ___
___ – ___ = ___

56 – 29 = _____
___ – ___ = ___
___ – ___ = ___

3 Schreibe deinen Rechenweg auf.

a) 69 – 36 = _____
___ – ___ = ___
___ – ___ = ___

b) 74 – 24 = _____
___ – ___ = ___
___ – ___ = ___

c) 57 – 38 = _____
___ – ___ = ___
___ – ___ = ___

d) 43 – 34 = _____
___ – ___ = ___
___ – ___ = ___

e) 85 – 21 = _____
___ – ___ = ___
___ – ___ = ___

f) 52 – 25 = _____
___ – ___ = ___
___ – ___ = ___

g) 81 – 18 = _____
___ – ___ = ___
___ – ___ = ___

h) 63 – 36 = _____
___ – ___ = ___
___ – ___ = ___

Weiter mit Plus und Minus

1 Setze fort. Was entdeckst du?

a) 32 + 3 =___
32 + 13 =___
32 + 23 =___
32 + 33 =___
___+___=___
___+___=___

b) 36 + 5 =___
46 + 5 =___
56 + 5 =___
66 + 5 =___
___+___=___
___+___=___

c) 2 + 79 =___
12 + 69 =___
22 + 59 =___
32 + 49 =___
___+___=___
___+___=___

d) 89 + 5 = ___
78 + 5 = ___
67 + 5 = ___
56 + 5 = ___
___+___=___
___+___=___

e) 11 − 2 =___
21 − 2 =___
31 − 2 =___
41 − 2 =___
___−___=___
___−___=___

f) 95 − 6 =___
85 − 6 =___
75 − 6 =___
65 − 6 =___
___−___=___
___−___=___

g) 33 − 22 =___
44 − 33 =___
55 − 44 =___
66 − 55 =___
___−___=___
___−___=___

h) 90 − 9 =___
91 − 9 =___
92 − 9 =___
93 − 9 =___
___−___=___
___−___=___

2 a) Trage ein.

+	4	6	8	18
24			◐	
29		♡		
53		◑		✳
55	◆			▲

−	2	20	7	17
46		◆		△
41				□
32			☁	⊠
35	◓			

b) Rechne.

◐ + □ = _____
♡ + ◆ = _____
◑ + ◓ = _____

◐ − ☁ = _____
✳ − ⊠ = _____
▲ − △ = _____

Weiter mit Plus und Minus

1 Rechne.

a) 16 + ___ = 20   b) 67 + ___ = 80   c) 85 + ___ = 92

25 + ___ = 40   67 + ___ = 82   75 + ___ = 92

34 + ___ = 60   67 + ___ = 84   65 + ___ = 92

d) 96 − ___ = 80   e) 62 − ___ = 58   f) 91 − ___ = 49

85 − ___ = 70   72 − ___ = 57   83 − ___ = 49

74 − ___ = 60   82 − ___ = 56   75 − ___ = 49

2 Ich denke mir eine Zahl. Sie ist um 12 größer als 21. ___

3 Ich denke mir eine Zahl. Sie ist um 25 kleiner als 75. ___

4 Rechne. Was fällt dir leichter?

a) 2 + 94 = ___   b) 3 + 83 = ___   c) 4 + 72 = ___   d) 5 + 61 = ___

73 + 2 = ___   74 + 3 = ___   75 + 4 = ___   76 + 5 = ___

5 Rechne geschickt.

a) 38 + 20 + 2 = ___   b) 17 + 1 + 19 = ___   c) 42 + 5 + 28 = ___

49 + 40 + 1 = ___   23 + 5 + 25 = ___   55 + 6 + 35 = ___

6 Setze <, > oder = ein.

a) 26 + 14 ○ 40   b) 90 − 35 ○ 50   c) 12 + 49 ○ 60   d) 81 − 35 ○ 50

26 + 24 ○ 40   90 − 40 ○ 50   13 + 48 ○ 60   71 − 16 ○ 50

7 Die zweiten Klassen einer Schule werden von 45 Mädchen und 42 Jungen besucht.

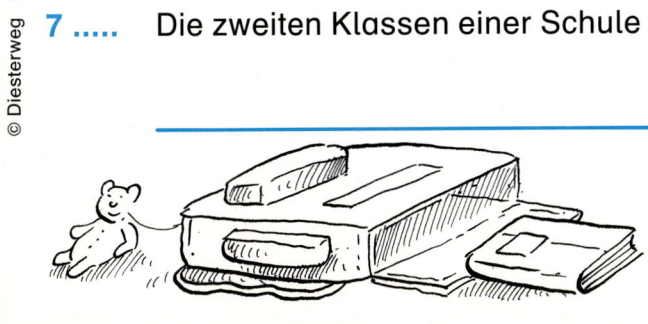

Ferien auf dem Bauernhof

1 ..... Verteile und schreibe die Geteiltaufgabe.

a)

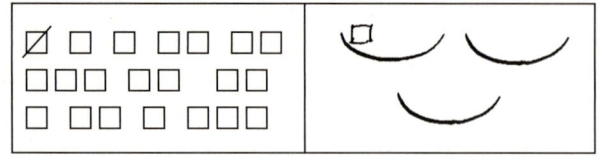

_____ : 3 = _____

b)

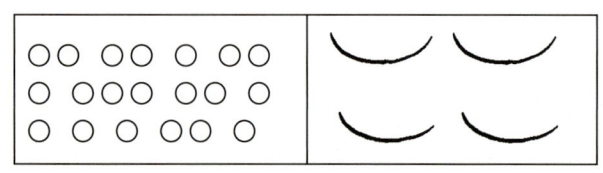

_____

c)

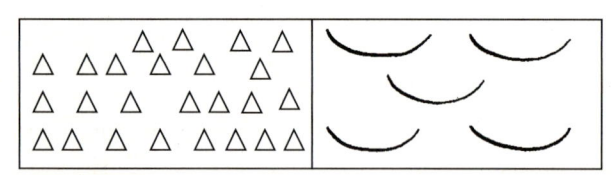

_____

2 ..... Teile auf und schreibe die Geteiltaufgabe.

a) Immer 3.

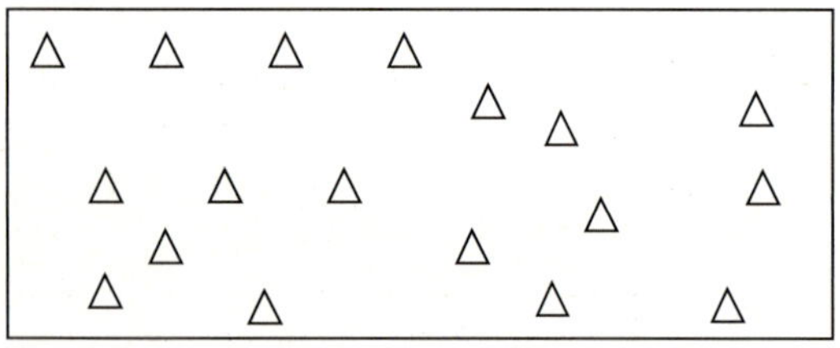

_____ : 3 = _____

b) Immer 6.

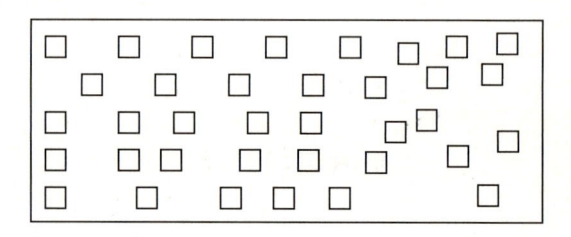

_____

c) Immer 5.

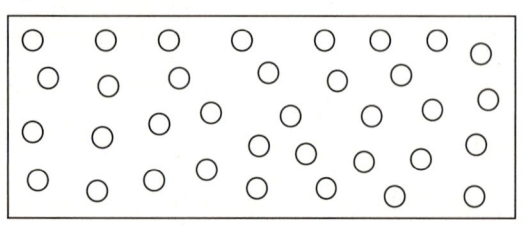

_____

d) Immer 2.

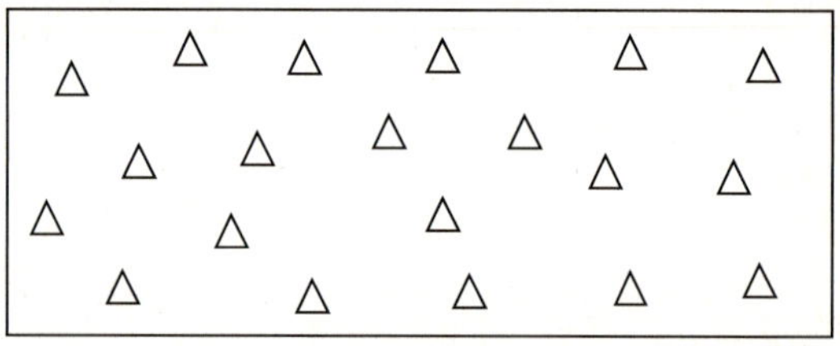

_____

44

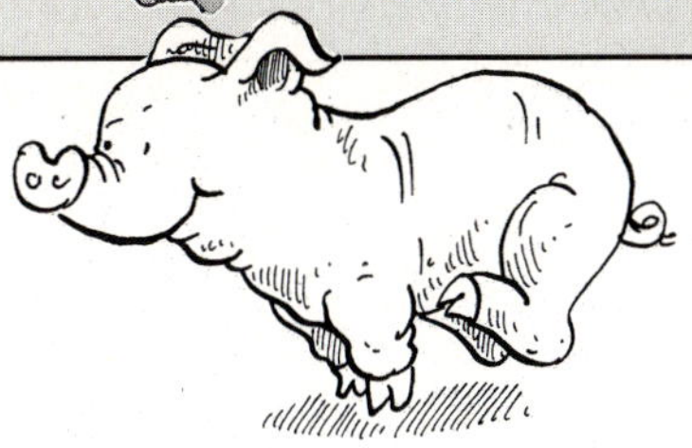

Ferien auf dem Bauernhof

1 Verteile und schreibe die Geteiltaufgabe.

a)

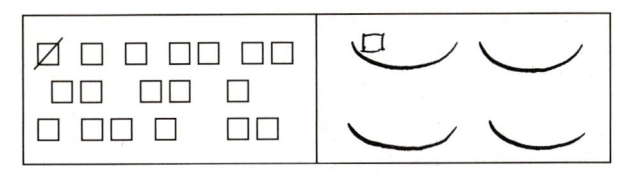

:4 =   Rest

b)

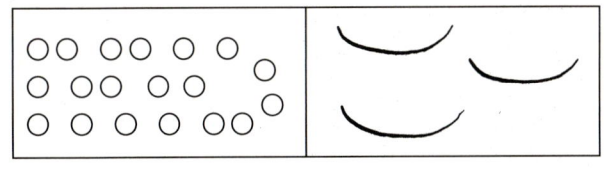

c)

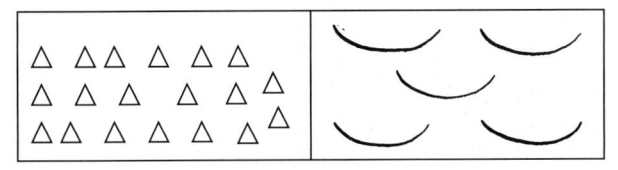

2 Teile auf und schreibe die Geteiltaufgabe.

a) Immer 3.

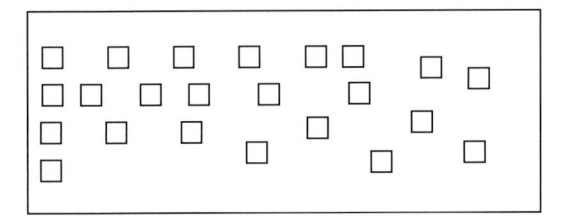

b) Immer 6.

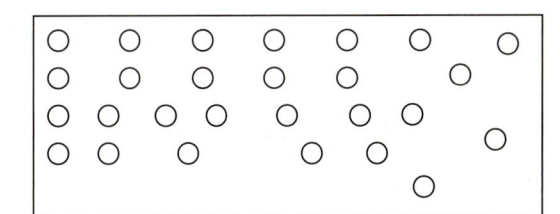

c) Immer 5.

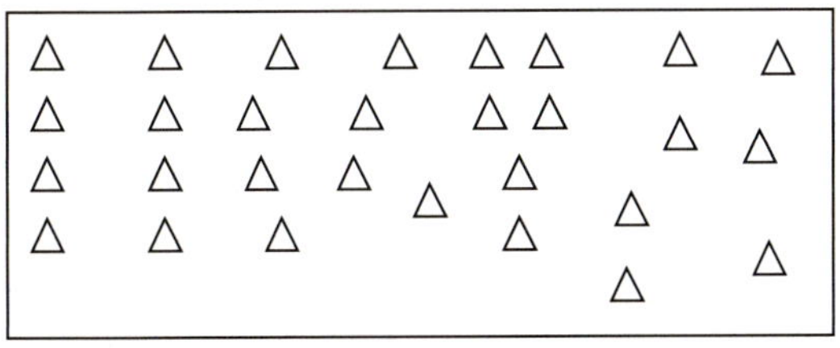

d) Immer 2.

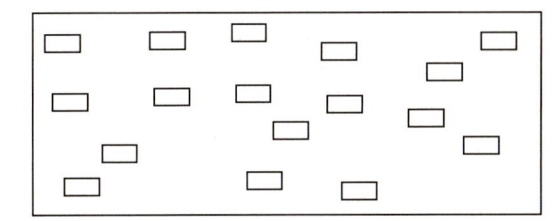

45

Ferien auf dem Bauernhof

1 Rechne.

a) 12 : 2 = ___   b) 12 : 4 = ___   c) 20 : 5 = ___   d) 42 : 6 = ___

10 : 2 = ___   16 : 4 = ___   30 : 5 = ___   18 : 6 = ___

16 : 2 = ___   8 : 4 = ___   15 : 5 = ___   36 : 6 = ___

2 Fünf Kinder teilen sich die Tafel Schokolade.

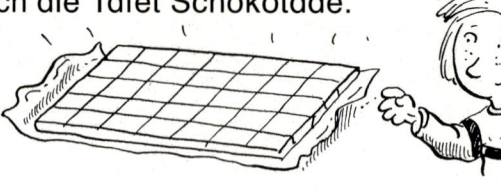

_____

_____

3 Rechne. Schreibe auch die Umkehraufgabe.

a) 15 : 3 = ___   b) 21 : 7 = ___   c) 25 : 5 = ___

___ · 3 = ___   _____   _____

d) 36 : 4 = ___   e) 30 : 6 = ___   f) 40 : 8 = ___

_____   _____   _____

4 Rechne.

a) 24 : 6 = ___ Rest ___   b) 18 : 5 = _____   c) 42 : 4 = _____

24 : 8 = _____   18 : 9 = _____   42 : 7 = _____

24 : 5 = _____   18 : 6 = _____   42 : 5 = _____

24 : 2 = _____   18 : 2 = _____   42 : 6 = _____

5 Rechne.

a) ___ : 4 = 4   b) 32 : ___ = 8   c) ___ : 2 = 5 Rest 1

___ : 3 = 5   40 : ___ = 4   ___ : 6 = 5 Rest 4

___ : 7 = 4   27 : ___ = 9   ___ : 4 = 5 Rest 3

___ : 5 = 9   56 : ___ = 7   ___ : 8 = 5 Rest 5

46

Ferien auf dem Bauernhof

1 Sara und Nino sollen Eier verpacken. In Saras Korb sind 42 Eier. Nino hat 18 Eier. Nun überlegen sie, ob sie die Zehner- oder die Sechserpackungen nehmen sollen.

_____

_____

2 Rechne. Schreibe auch die Umkehraufgabe.

a) 34 : 4 = ___ Rest ___   b) 50 : 7 = ___ Rest ___   c) 43 : 5 = ___ Rest ___

___ · 4 + ___ = ___

d) 79 : 9 = ___ Rest ___   e) 26 : 6 = ___ Rest ___   f) 46 : 8 = ___ Rest ___

3 Die Kindertanzgruppe hat eine Aufführung bei dem Fest auf dem Bauernhof. Die Eltern bilden Fahrgemeinschaften, um die Kinder hinzufahren. In jedem Auto können drei Kinder mitfahren. Wie viele Autos sind bei sechs Tanzpaaren nötig?

_____

4 Murmeln sollen an vier Kinder verteilt werden. Kreise alle Anzahlen ein, bei denen kein Rest übrig bleibt.

12   14   4   15   22   24   32   36   44   27   16   18

5 Setze +, –, · oder : ein.

35 ◯ 5 = 7   12 ◯ 8 = 4   42 ◯ 7 = 49   50 ◯ 10 = 5

7 ◯ 4 = 28   54 ◯ 9 = 6   8 ◯ 5 = 40   8 ◯ 8 = 0

6 Wenn ich meine Zahl mit 4 malnehme, dann habe ich das Doppelte von 6.

Wie heißt meine Zahl? _____

47

Alles kostet Geld

1 Ordne nach dem Wert.

1.   2.

2 1 Euro hat 100 Cent. Ergänze.

a) 25 Cent + _____ = 100 Cent

88 Cent + _____ = 100 Cent

94 Cent + _____ = 100 Cent

44 Cent + _____ = 100 Cent

b) _____ + 12 Cent = 100 Cent

_____ + 6 Cent = 100 Cent

_____ + 56 Cent = 100 Cent

_____ + 75 Cent = 100 Cent

3 Wie viel Geld ist das?

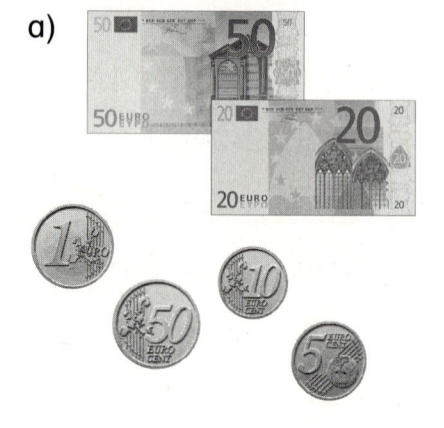

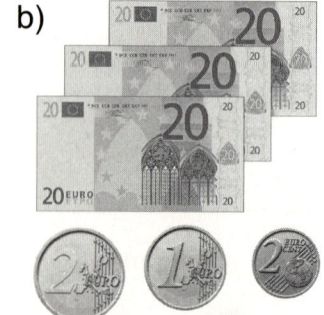

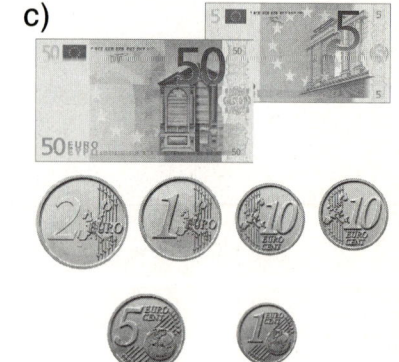

a)   b)   c)

Alles kostet Geld

1..... Welche Scheine brauchst du?

a) Jacke: 65 € = 50 € + 10 € + 5 €

b) Hemd: _____

c) Schuhe: _____

d) Strümpfe: _____

e) Mütze: _____

f) Mantel: _____

Angebote
Jacke 65 €
Schuhe 45 €
Mütze 15 €
Strümpfe 5 €
Mantel 75 €
Hemd 25 €

2..... Tim hat 100 Euro. Wie viel Geld bekommt er zurück?

a) Jacke: 100 € − 65 € = 35 €

b) Hemd: _____

c) Schuhe: _____

d) Strümpfe: _____

e) Mütze: _____

f) Mantel: _____

3..... Amal bekommt neue Schuhe für 40 Euro. Ihre Mutter zahlt mit vier Scheinen.

Welche Möglichkeiten gibt es? _____

_____

4..... Rechne geschickt. Unterstreiche, was du zuerst rechnest.

a) 14 € + <u>8 € + 52 €</u> = _____   b) 28 Cent + 54 Cent + 12 Cent = _____

   17 € + 43 € + 22 € = _____   39 Cent + 11 Cent + 21 Cent = _____

   35 € + 24 € + 26 € = _____   35 Cent + 18 Cent + 25 Cent = _____

   14 € + 51 € + 19 € = _____   34 Cent + 37 Cent + 3 Cent = _____

Alles kostet Geld

1 Rechne.

a)
+	15	36	57	48
35				
43				
27				

b)
−	54	66	37	45
86				
94				
72				

2 Rechne.

a) 57 + ___ = 78   b) 63 + ___ = 83   c) 87 − ___ = 57   d) 76 − ___ = 70

57 + ___ = 65   63 + ___ = 70   87 − ___ = 80   76 − ___ = 65

57 + ___ = 70   63 + ___ = 96   87 − ___ = 79   76 − ___ = 43

57 + ___ = 96   63 + ___ = 81   87 − ___ = 65   76 − ___ = 58

3 Rechne.

a)
·	3	5	6	4
2				
4				
8				

b)
·	2	4	8	6
3				
5				
6				

4 Rechne.

a) 15 : 2 = _____   b) 24 : 3 = _____   c) 28 : 4 = _____   d) 32 : 5 = _____

18 : 2 = _____   13 : 3 = _____   15 : 4 = _____   45 : 5 = _____

13 : 2 = _____   10 : 3 = _____   32 : 4 = _____   16 : 5 = _____

Alles kostet Geld

1 Ordne nach dem Wert.

14 € 75 Cent, ~~7 € 45 Cent~~, 75 € 75 Cent, 17 € 45 Cent, 45 € 14 Cent,
75 € 14 Cent, 14 € 17 Cent, ~~7 € 75 Cent~~, 45 € 17 Cent, 17 € 75 Cent

7 € 45 Cent < 7 € 75 Cent < _____

_____

2 Subtrahiere.

a) 60 Cent – 18 Cent = _____   b) 54 Cent – 43 Cent = _____

80 Cent – 62 Cent = _____   45 Cent – 34 Cent = _____

50 Cent – 32 Cent = _____   63 Cent – 57 Cent = _____

70 Cent – 28 Cent = _____   75 Cent – 36 Cent = _____

3 Saras neue Jacke und Hose kosten zusammen 67 €. Die Hose kostet 26 €.

Wie viel kostet die Jacke? _____

_____

4 Wie viele Scheine und wie viele Münzen brauchst du mindestens?

15 € 25 Cent: Zwei Scheine, zwei Münzen.

40 € 57 Cent: _____

75 € 80 Cent: _____

17 € 42 Cent: _____

48 € 48 Cent: _____

93 € 34 Cent: _____

83 € 66 Cent: _____

99 € 99 Cent: _____

Umgang mit Zeit

1 Gib zwei Uhrzeiten an.

a) b) c) d) e)

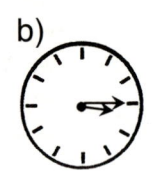

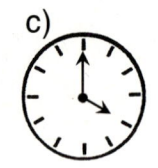

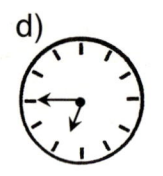

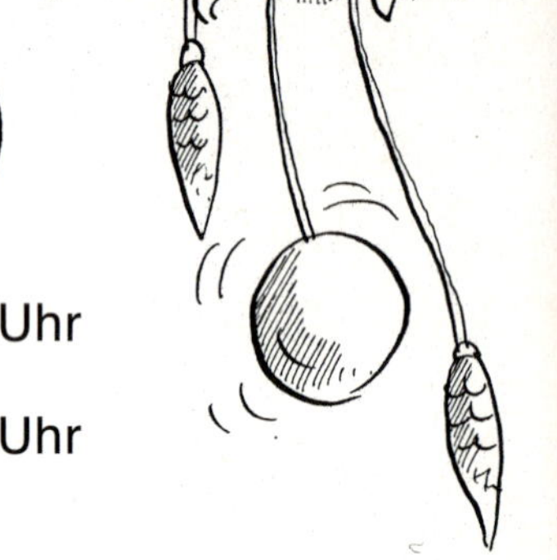

1.30 Uhr _____ Uhr _____ Uhr _____ Uhr _____ Uhr

_____ Uhr _____ Uhr _____ Uhr _____ Uhr _____ Uhr

f) g) h) i) j)

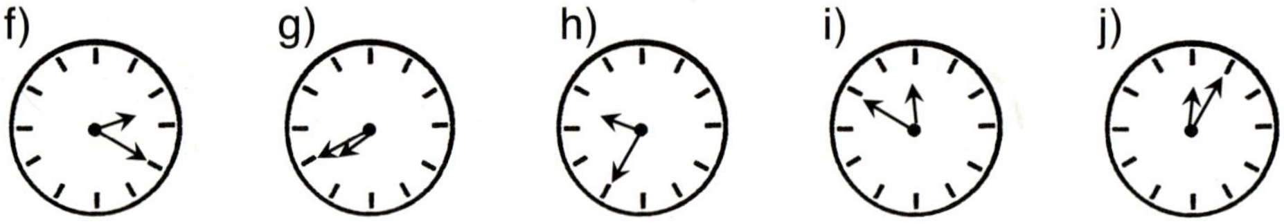

_____ Uhr _____ Uhr _____ Uhr _____ Uhr _____ Uhr

_____ Uhr _____ Uhr _____ Uhr _____ Uhr _____ Uhr

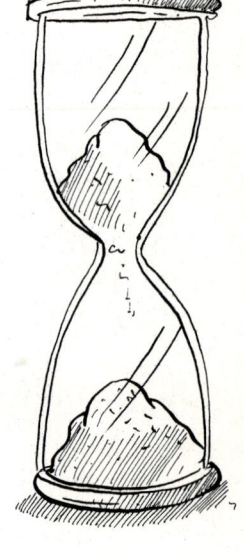

2 Stelle die Zeit auf deiner Uhr ein. Zeichne die Uhrzeiger ein.

a) 13.10 Uhr b) 16.05 Uhr c) 18.25 Uhr d) 20.35 Uhr e) 8.20 Uhr

3 Zeichne die Uhrzeiger ein.

a) 15:55 b) 17:45 c) 19:30 d) 7:50 e) 9:00

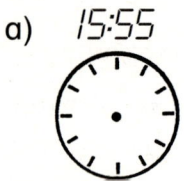

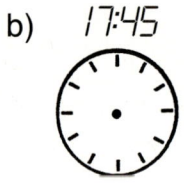

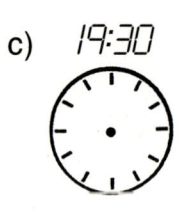

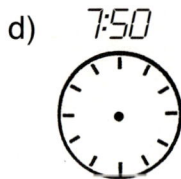

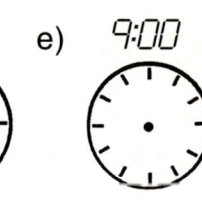

4 Ergänze.

a) immer eine Stunde

40 min + _____ = 60 min

55 min + _____ = _____

b) immer eine Stunde

33 min + _____ = _____

19 min + _____ = _____

c) immer 30 Minuten

9 min + _____ = _____

15 min + _____ = _____

d) immer 45 Minuten

10 min + _____ = _____

29 min + _____ = _____

Umgang mit Zeit

1 Gib die Zeitdauer in Minuten an.

a)

Dauer: _____ _____ _____ _____ _____

b)

Dauer: _____ _____ _____ _____ _____

2 Trage die Uhrzeiten ein. Gib die Zeitdauer an.

a) von 16.15 Uhr bis _____ Uhr

Dauer: _____

b) von _____ Uhr bis _____ Uhr

Dauer: _____

c) von _____ Uhr bis _____ Uhr

Dauer: _____

d) von _____ Uhr bis _____ Uhr

Dauer: _____

3 Amal schaltet um 17.20 Uhr den Fernseher an. Der Film über Orang-Utans beginnt um 17.25 Uhr und ist um 18.00 Uhr zu Ende. Wie lange dauert der Film?

_____

4 Trage die Zeitdauer ein.

a) von 12.12 Uhr bis 12.52 Uhr: _____

    von 13.24 Uhr bis 13.45 Uhr: _____

    von 7.30 Uhr bis 12.30 Uhr: _____

b) von 16.15 Uhr bis 17.05 Uhr: _____

    von 18.33 Uhr bis 19.03 Uhr: _____

    von 21.01 Uhr bis 22.02 Uhr: _____

Umgang mit Zeit

1 Bis wann? Trage ein. Zeichne die Uhrzeiger ein.

a) von 16.15 Uhr bis _____ Uhr
Dauer: 10 min

b) von 16.05 Uhr bis _____ Uhr
Dauer: 15 min

c) von 16.25 Uhr bis _____ Uhr
Dauer: 20 min

d) von 16.10 Uhr bis _____ Uhr
Dauer: 45 min

2 Setze fort. Trage die Uhrzeiten ein.

a) immer 10 Minuten weiter:
9.00 Uhr, 9.10 Uhr, _____ Uhr, _____, _____, _____

b) immer 5 Minuten weiter:
9.45 Uhr, 9.50 Uhr, _____ Uhr, _____, _____, _____

c) immer 20 Minuten weiter:
9.05 Uhr, 9.25 Uhr, _____, _____, _____, _____

3 Max geht zum Joggen. Pünktlich um 15.30 Uhr läuft die Gruppe los. Max will die Strecke heute in 40 Minuten schaffen. Als er am Ziel ist, schaut er auf seine Uhr.

Es ist 16.08 Uhr. Wie lange hat Max für die Strecke gebraucht? _____

4 Rechne.

a) 12 min + 18 min = _____
24 min + 8 min = _____
40 min + 23 min = _____

b) 45 min + _____ = 72 min
_____ + 39 min = 81 min
_____ + 42 min = 68 min

c) 29 min + _____ = 60 min
_____ + 16 min = 45 min
0 min + 60 min = _____

d) 33 min + _____ = 59 min
_____ + 27 min = 58 min
19 min + 38 min = _____

Umgang mit Zeit

1 Das ist Elenas Stundenplan am Montag.

Beginn			Dauer
🕐	_____ Uhr	Morgenkreis und Freie Arbeit	___ h ___ min
🕐	_____ Uhr	Frühstücks- und Hofpause	_____ min
🕐	_____ Uhr	Mathematik	_____ min
🕐	_____ Uhr	Sachunterricht	_____ min
🕐	_____ Uhr	Hofpause bis 11.30 Uhr	_____ min

a) Trage die Uhrzeiten ein.
b) Wie lange dauern die Unterrichtsstunden und die Pausen? Trage ein.
c) Elenas Weg nach Hause dauert 15 Minuten.
   Sie geht nach der letzten Hofpause los. Wann ist sie zu Hause?

_____

d) Um 12.30 Uhr gibt es Mittagessen. Wie lange hat Elena bis dahin Zeit?

_____

2 Felix läuft jeden Tag in fünf Minuten von zu Hause bis zur Schule. Wie viele Minuten braucht er in einer Woche für seinen Weg von zu Hause bis zur Schule?

_____

3 Sina braucht vier Minuten bis zur Sporthalle. Wie lange brauchen Max und Tim für den selben Weg?

_____

55

Bauen und Denken

1 Baue nach und schreibe Baupläne.

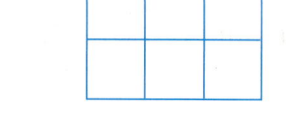

a) b) 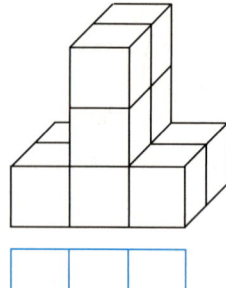 c)

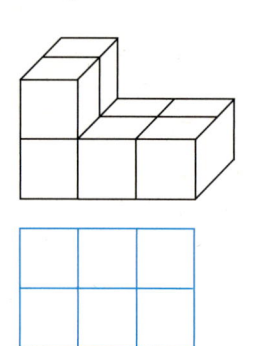

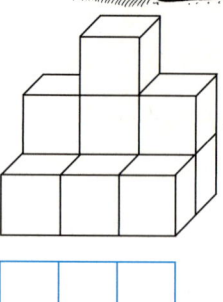

2 Baue aus 27 Holzwürfeln einen großen Würfel. Schreibe den Bauplan.

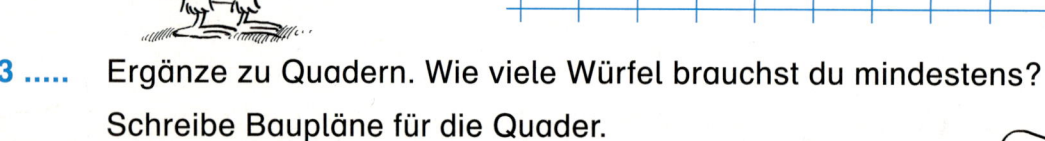

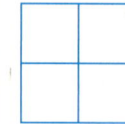

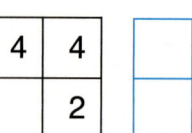

3 Ergänze zu Quadern. Wie viele Würfel brauchst du mindestens? Schreibe Baupläne für die Quader.

a)
1	2
2	3

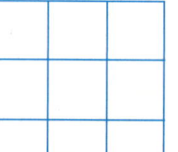

Ich brauche noch ___ Würfel.

b)
4	4
	2

Ich brauche noch ___ Würfel.

c)
2	2	2
3	3	3

Ich brauche noch ___ Würfel.

d)
1	4	2
2	1	2
3	1	3

Ich brauche noch ___ Würfel.

Bauen und Denken

1 Kreuze an, aus welchen Würfelmengen ein größerer Würfel gebaut werden kann. Es darf kein kleiner Würfel übrig bleiben.

☐ 27 Würfel ☐ 36 Würfel ☐ 18 Würfel ☐ 8 Würfel

2 Rechne.

a) 11 + ___ = 27   b) 44 + ___ = 64   c) ___ + 26 = 64   d) ___ + 9 = 27

   18 + ___ = 27   20 + ___ = 64   ___ + 14 = 64   ___ + 12 = 27

   7 + ___ = 27   53 + ___ = 64   ___ + 32 = 64   ___ + 22 = 27

3 Welche Gebäude ergeben zusammen einen Quader?
Male mit gleicher Farbe an.

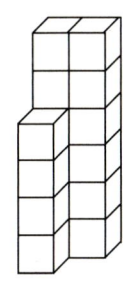

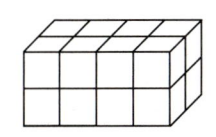

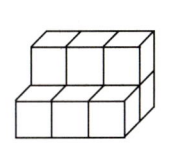

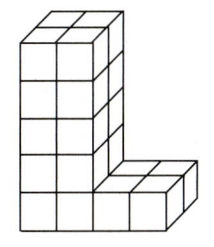

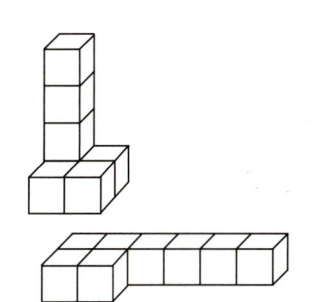

4 a) Baue aus 16 Würfeln verschiedene Quader und schreibe dazu passende Aufgaben.

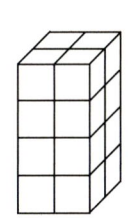

$2 \cdot 2 \cdot 4 = 16$

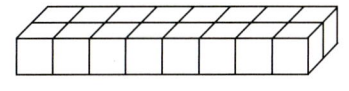

$8 \cdot 2 \cdot 1 = 16$

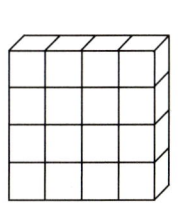

_____ = 16

b) Baue mit 24 Würfeln.

_____ = 24

_____ = 24

_____ = 24

_____ = 24

c) Baue mit 36 Würfeln.

_____

_____

_____

_____

57

Bauen und Denken

1 ..... Rechne Tauschaufgaben.

a) 7 · 3 = ___   b) 9 · 3 = ___   c) 7 · 9 = ___   d) 7 · 5 = ___
   3 · 7 = ___   3 · 9 = ___   9 · 7 = ___   ___ · ___ = ___

e) 6 · 7 = ___   f) 9 · 6 = ___   g) 2 · 7 = ___   h) 4 · 9 = ___
   ___ · ___ = ___   ___ · ___ = ___   ___ · ___ = ___   ___ · ___ = ___

2 ..... Rechne. Leichte Aufgaben helfen dir.

a) 4 · 7 = ___   b) 8 · 9 = ___   c) 8 · 7 = ___   d) 5 · 9 = ___
   5 · 7 = ___   9 · 9 = ___   9 · 7 = ___   6 · 9 = ___
   6 · 7 = ___   10 · 9 = ___   10 · 7 = ___   7 · 9 = ___

3 ..... Male Malaufgabe und Ergebniszahl mit gleicher Farbe an.

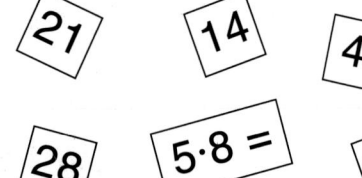

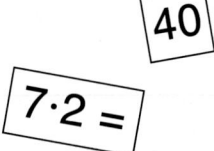

21   14   4·9 =   56   36   40
28   5·8 =   45   8·7 =   7·2 =   4·7 =
         27   63
7·3 =   9·7 =   3·9 =   5·9 =

4 ..... Setze fort.

a) 7, 14, 21, ___ , ___ , ___ , ___ , ___ , ___ , ___

b) 9, 18, 27, ___ , ___ , ___ , ___ , ___ , ___ , ___

c) 70, 63, 56, ___ , ___ , ___ , ___ , ___ , ___ , ___

d) 90, 81, 72, ___ , ___ , ___ , ___ , ___ , ___ , ___

5 ..... Streiche die Zahlen durch, die nicht zum Einmaleins der 7 oder der 9 gehören.

23   21   35   40   45   57   63
34   36   42   48   59   67

Bauen und Denken

1 Rechne.

a) 2 · 2 = ___   b) 2 · 4 = ___   c) 2 · 6 = ___   d) 2 · 8 = ___   e) 2 · 10 = ___

5 · 2 = ___   5 · 4 = ___   5 · 6 = ___   5 · 8 = ___   5 · 10 = ___

10 · 2 = ___   10 · 4 = ___   10 · 6 = ___   10 · 8 = ___   10 · 10 = ___

f) 10 · 3 = ___   g) 10 · 6 = ___   h) 10 · 9 = ___   i) 10 · 5 = ___   j) 10 · 7 = ___

5 · 3 = ___   5 · 6 = ___   5 · 9 = ___   5 · 5 = ___   5 · 7 = ___

2 · 3 = ___   2 · 6 = ___   2 · 9 = ___   2 · 5 = ___   2 · 7 = ___

2 Rechne.

a) 3 · 3 = ___   b) 4 · 1 = ___   c) 5 · 1 = ___   d) 6 · 2 = ___   e) 8 · 0 = ___

3 · 5 = ___   4 · 3 = ___   5 · 4 = ___   6 · 4 = ___   8 · 2 = ___

3 · 7 = ___   4 · 5 = ___   5 · 7 = ___   6 · 6 = ___   8 · 4 = ___

3 · 9 = ___   4 · 7 = ___   5 · 10 = ___   6 · 8 = ___   8 · 6 = ___

3 Trage ein.

a)
·	3	5	7
2			
4			
7			
9			

b)
·	4	6	8
2			
4			
7			
9			

c)
·	2	9	10
2			
4			
7			
9			

4 Rechne.

a) 24 = 3 · ___   b) 64 = 8 · ___   c) 25 = 5 · ___   d) 15 = 5 · ___   e) 81 = 9 · ___

35 = 5 · ___   32 = 4 · ___   48 = 8 · ___   36 = 6 · ___   12 = 3 · ___

5 Setze fort.

a) 3, 6, 9, ___ , ___ , ___ , ___ , ___ , ___ , ___

b) 5, 10, 15, ___ , ___ , ___ , ___ , ___ , ___ , ___

c) 40, 36, 32, ___ , ___ , ___ , ___ , ___ , ___ , ___

Im Zoo

1 ..... Welcher Wärter bringt dem Löwen das Futter?

a) Suche den Weg zum Löwengehege mit den Augen.
b) Zeichne den Weg farbig ein.
c) Beschreibe den Weg und notiere ihn.

2 Kästchen nach oben,   2 Kästchen nach links,   ___ Kästchen nach oben,

_____ ,   _____ ,   _____ ,

_____ ,   _____ ,   _____ ,

_____ ,   _____ ,   _____ ,

_____ ,

Im Zoo

1 ..... Der Tierpfleger stellt seine Geräte ab. Beschreibe ihre Lage.

Vorne rechts steht _____

Vorne links steht _____

Hinten rechts steht _____

Hinten links steht _____

2 ..... Lea und Elena machen im Zoo ein Picknick.
Male die Sachen auf die Decke:
vorne rechts: zwei Äpfel
vorne links: zwei Saftflaschen
hinten rechts: zwei Teller
hinten links: ein Kuchen

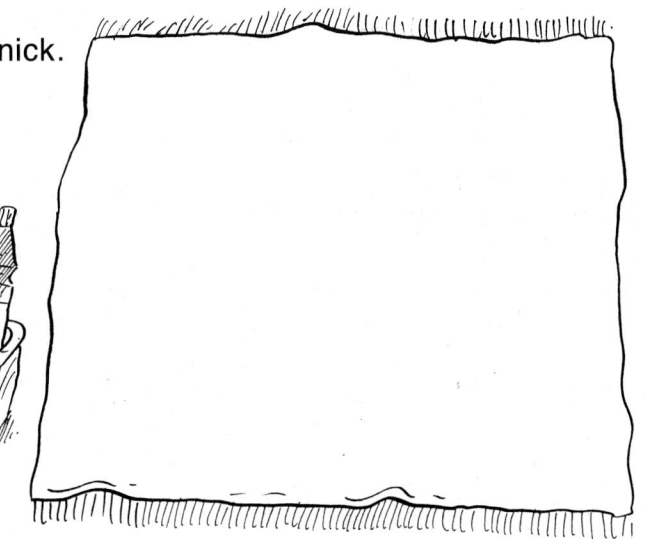

3 ..... Nino, Sina, Max und Sara sitzen an einem Tisch. Nino sitzt rechts von Sara.
Wie sitzen die Kinder? Trage ein.

	rechts von	links von	gegenüber
Nino	Sara		
Sina			
Max			
Sara			

Im Zoo

1 Wie spät ist es? Gib zwei Uhrzeiten an.

a)   b)   c)

_____   _____   _____   _____   _____

_____   _____   _____   _____   _____

2 Zeichne die Uhrzeiger ein.

a) 3.15 Uhr   b) 17.25 Uhr   c) 22.55 Uhr   d) 13.35 Uhr   e) 12.10 Uhr

3 Wie lange dauert es?

a) von 12.00 Uhr bis 24.00 Uhr: 12 h   b) von 3.15 Uhr bis 15.15 Uhr: _____

   von 0.00 Uhr bis 24.00 Uhr: _____   von 6.45 Uhr bis 18.45 Uhr: _____

   von 1.00 Uhr bis 13.00 Uhr: _____   von 14.30 Uhr bis 2.30 Uhr: _____

c) von 4.30 Uhr bis 5.15 Uhr: _____   d) von 19.40 Uhr bis 20.05 Uhr: _____

   von 5.30 Uhr bis 6.25 Uhr: _____   von 23.25 Uhr bis 0.15 Uhr: _____

   von 6.30 Uhr bis 7.05 Uhr: _____   von 0.15 Uhr bis 1.30 Uhr: _____

4 Rechne.

a) 22 Cent + 45 Cent = _____   b) 53 Cent + 28 Cent = _____

    37 Cent + 63 Cent = _____   34 Cent + 67 Cent = _____

    81 Cent + 18 Cent = _____   72 Cent + 29 Cent = _____

c) 100 Cent − 56 Cent = _____   d) 98 Cent − 79 Cent = _____

    88 Cent − 45 Cent = _____   52 Cent − 36 Cent = _____

    94 Cent − 31 Cent = _____   71 Cent − 17 Cent = _____

Im Zoo

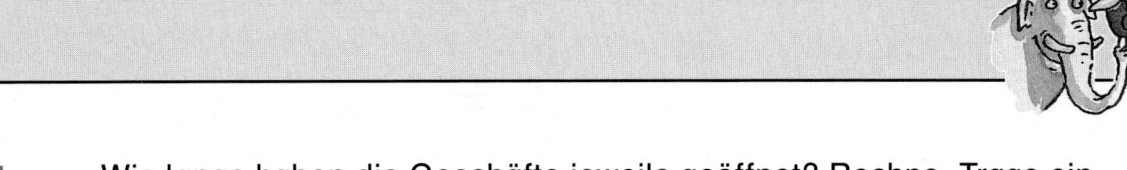

1 Wie lange haben die Geschäfte jeweils geöffnet? Rechne. Trage ein.

STAR – das Kaufhaus
Öffnungszeiten:
Mo–Fr: 8.00 Uhr bis 20.00 Uhr
Samstag: 8.00 Uhr bis 16.00 Uhr

Blumenhaus ROSE
Öffnungszeiten:
Montag bis Freitag:
9.00 Uhr – 13.00 Uhr
15.00 Uhr – 18.30 Uhr
Samstag:
8.00 Uhr – 13.00 Uhr

Apotheke VITA
Öffnungszeiten:
Mo bis Fr: 8.30 Uhr – 12.30 Uhr
14.30 Uhr – 18.00 Uhr
Sa: 8.30 Uhr – 13.00 Uhr

	STAR	ROSE	VITA
Montag bis Freitag	12 h		
Samstag			
in der Woche			

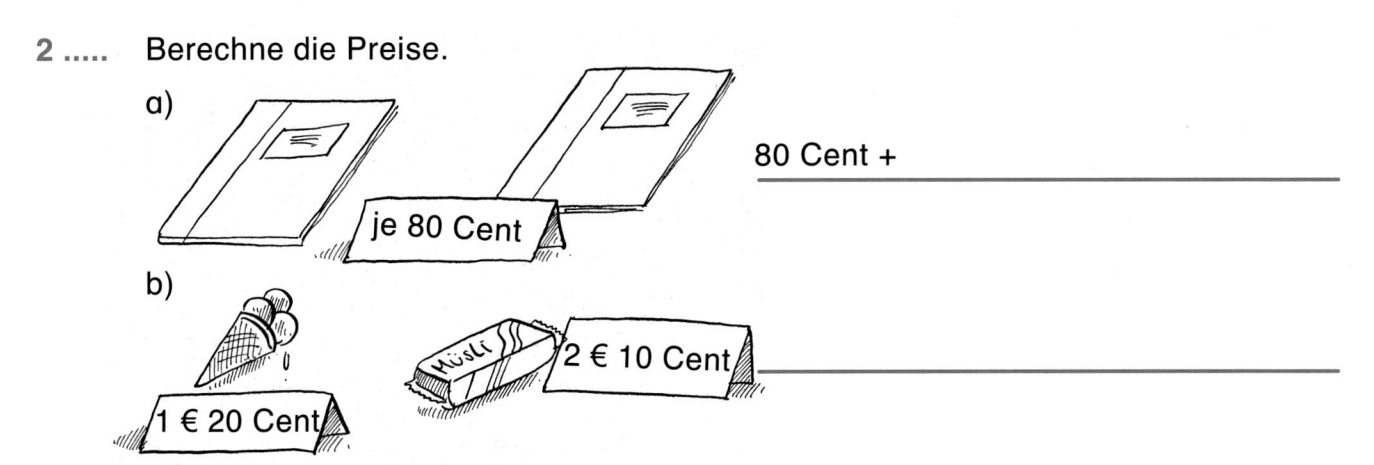

2 Berechne die Preise.

a) je 80 Cent

80 Cent + _____

b) 1 € 20 Cent, 2 € 10 Cent _____

3 Tim kauft eine Pizza und eine Dose Mineralwasser.

a) Wie viel kostet sein Einkauf?   2 € 50 Cent   30 Cent

_____

_____

b) Tim bezahlt mit zehn Euro. Wie viel bekommt er zurück?

_____

_____

Inhaltsübersicht

Kapitel	Seiten
In der Klasse 2	2–5
Hundert und mehr Radrennfahrer	6–9
Von zu Hause bis zur Schule	10–13
100 Cent für ein Traumfrühstück	14–19
Verpackungen	20–23
Die Suche nach den hundert Malaufgaben	24–27
Der menschliche Körper	28–31
Das Jahr und der Kalender	32–35
Grußkarten	36–39
Weiter mit Plus und Minus	40–43
Ferien auf dem Bauernhof	44–47
Alles kostet Geld	48–51
Umgang mit Zeit	52–55
Bauen und Denken	56–59
Im Zoo	60–63